LEKTÜRESCHLÜSSEL
FÜR SCHÜLERINNEN UND SCHÜLER

Heinrich von Kleist

Prinz Friedrich von Homburg

Von Manfred Eisenbeis

Philipp Reclam jun. Stuttgart

Dieser Lektüreschlüssel bezieht sich auf folgende Textausgabe: Heinrich von Kleist: *Prinz Friedrich von Homburg*. Stuttgart: Reclam, 1968, 2001 [u. ö.]. (Universal-Bibliothek. 178.)

RECLAMS UNIVERSAL-BIBLIOTHEK Nr. 15428

Gesamtherstellung: Reclam, Ditzingen
Printed in Germany 2011

ISBN 978-3-15-015428-1

www.reclam.de

Inhalt

1. Erstinformation zum Werk

Kleist ist ein Phänomen: Ein Dichter, der zu Lebzeiten und nach seinem Tode umstritten war, der bei seinen Zeitgenossen keine Anerkennung fand und von ihnen abgelehnt wurde, gilt heute als der vielleicht interessanteste Autor des 19. Jahrhunderts, vermutlich weil die heutigen Leser und Zuschauer für das sprunghafte und irrationale Werk Kleists offener denn je sind. Es scheint eher als z. B. die klassischen Dramen Schillers und Goethes wegen seiner Offenheit und Zerrissenheit in die heutige Zeit zu passen und fordert zu immer neuen Auseinandersetzungen heraus, weil seine Figuren vieldeutig und sogar rätselhaft sind.

Kleist und die Gegenwart

Kleist irritierte seine Zeitgenossen, und er irritiert uns heute immer noch durch den befremdlichen Subjektivismus seiner Figuren, die Probleme mit ihrer Umwelt haben und sich allen psychologischen und sozialen Kategorien entziehen.

Kleist stammte aus einer alten Adels- und Offiziersfamilie, wurde selbst Offizier, nahm am Krieg gegen Napoleon teil, verließ die Armee, suchte staatliche Anstellung, gab sie wieder auf, war durch und durch Preuße und agitierte gegen Napoleon, kritisierte nichtsdestoweniger das Preußentum seiner Zeit und seinen König, reiste in Europa umher und wurde nirgendwo heimisch. Er schrieb Texte unterschiedlicher Art, verzweifelte am Sinn seines Lebens, litt an seiner Erfolglosigkeit und erschoss sich schließlich mit 34 Jahren.

Kaum ein Drama reizte so sehr zum Widerspruch wie *Prinz Friedrich von Homburg*, an kaum einem anderen kann man so deutlich den Missbrauch eines literarischen Textes zur Indoktrination zeigen. Was geschieht? Ein verliebter, ehrgeiziger preußischer Reitergeneral aus der Zeit des Großen Kurfürsten (Regierungszeit 1640–88) greift gegen den Befehl des Kurfürsten vorzeitig in die Schlacht ein, siegt, wird aber trotzdem zum Tode verurteilt. Er hat Angst vor dem Tod, erkennt aber schließlich seine Schuld an und wird in letzter Minute begnadigt.

Aber dieser Reitergeneral ist nicht nur eine historische Figur. Er steht als Beispiel für den zeitlosen Konflikt zwischen der individuellen Freiheit des Einzelnen und den Anforderungen der Gesellschaft. Er verdeutlicht den Wunsch des Autors, dass sich die Gefühle des Einzelnen und die Normen der Gesellschaftsordnung und des Staates auf einer höheren Stufe vereinbaren lassen. Letztlich geht es um eine Utopie, damals und heute, um den Traum vom besseren Staat, vom besseren Leben des Individuums in diesem Staat und von der Möglichkeit, Autorität und Mündigkeit miteinander zu verbinden.

Verbindung von Autorität und Mündigkeit

2. Inhalt

Erster Akt: Die Situation

Erster bis vierter Auftritt: Der Traum von Liebe und Ruhm

Die vier Eingangsszenen spielen nachts im Garten des Schlosses von Fehrbellin, der durch eine Rampe mit dem Schloss selbst verbunden ist.

(I,1) Die erste Szene zeigt den Prinzen Friedrich von Homburg, wie er in völlig unmilitärischer Verfassung in schlafwandlerischem Zustand auf einer Bank sitzt und beschäftigt ist, einen Lorbeerkranz zu flechten. Den Abmarschtermin seiner Truppen zur bevorstehenden Schlacht hat er versäumt, wie sein Freund Hohenzollern dem Kurfürsten berichtet.

Der träumende Prinz

Der Kurfürst, seine Nichte Natalie und die übrige Hofgesellschaft beobachten besorgt den träumenden Prinzen. Dann nimmt der Kurfürst ihm den Kranz aus der Hand, schlingt seine Halskette darum und reicht ihn der Prinzessin Natalie. Der Prinz wendet sich ihr darauf leidenschaftlich zu, bezeichnet sie als seine »Braut«, nennt den Kurfürsten »Vater« und dessen Frau »Mutter« (65 ff.). Er folgt der ins Schloss zurückweichenden Hofgesellschaft und nimmt Natalie unbemerkt einen Handschuh ab. Der Kurfürst weist den Prinzen schroff zurück.

(I,2) Die stumme Folgeszene besteht ausschließlich aus der Regieanweisung: Der Prinz bleibt verwundert vor der plötzlich verschlossenen Tür stehen, hält sich den Handschuh vor die Stirn und geht über die Rampe in den Garten zurück.

(I,3) Sein Freund Hohenzollern wird durch einen Pagen vom Kurfürsten gebeten, dem Prinzen nichts von dem nächtlichen Scherz zu erzählen.

Homburgs Erwachen

(I,4) Die längere vierte Szene stellt Homburgs Erwachen und seine Begegnung mit der Realität dar: Als Hohenzollern ihn anspricht, fällt der Prinz in eine Ohnmacht, aus der er aber bald wieder erwacht. Er weiß nicht, wo er ist, und findet nur mühsam wieder in die Wirklichkeit zurück. Er erkennt, dass er wieder als Schlafwandler in der Nacht unterwegs war, will dies aber verbergen und fragt Hohenzollern, ob der Kurfürst von seinem Zustand wisse – was Hohenzollern verneint.

Die Erinnerung

An die Ereignisse, die er dem Freund poetisch ausgeschmückt erzählt, erinnert sich der Prinz wie an einen Traum. Rätselhaft bleibt ihm die Herkunft des Handschuhs, den er noch in der Hand hält, gewissermaßen als Unterpfand für die Realität des Geschehenen. An den Namen der Besitzerin erinnert er sich nicht, obwohl Hohenzollern ihm im Scherz einige Damen nennt, die infrage kommen könnten, nicht aber Natalie. Als Homburg weiter seinen Erinnerungsbildern von Ruhm und Liebe nachhängen will, die Traum und Wirklichkeit vermischen, zieht ihn sein Freund fort, weil die Bekanntgabe des Schlachtplans bevorsteht.

Fünfter und sechster Auftritt: Unaufmerksamkeit

(I,5) In der für das weitere Geschehen sehr wichtigen, ausführlich gestalteten fünften Szene vermischen sich zwei Handlungsstränge. Der Kurfürst ist mit seinem Hofstaat mit den Vorbereitungen zur Abreise beschäftigt, während der Feldmarschall Dörfling den Offizieren den Schlachtplan erläutert und die Befehle zur Schlacht diktiert.

Bei diesem wichtigen Vorgang ist der Prinz geistesabwesend und immer noch mit dem Geschehen der vergangenen Nacht beschäftigt. Er bemerkt, dass Natalie einen Handschuh vermisst. Als er ihr »seinen« Handschuh zuspielt, gibt sie sich als dessen Besitzerin zu erkennen. Jetzt merkt der Prinz, dass die nächtlichen Traumbilder Realität waren.

Die Verwirrung des Prinzen

Er ist so mit sich selbst beschäftigt, dass er die mehrmals wiederholte Order nicht aufnimmt, auf keinen Fall seine Stellung zu verlassen und nur auf ausdrücklichen Befehl des Kurfürsten in die Schlacht einzugreifen. Dieser erinnert ihn daran, dass er ihn erst vor kurzem durch seine Ungeduld um zwei Siege gebracht hat. Als Zeichen seines Eingreifens soll er dann »Fanfare blasen lassen« (313). Homburg ist so abgelenkt, dass er nur diesen Satz aufnimmt.

(I,6) Nachdem Kurfürst und Gefolge weggeritten sind, bleibt Homburg allein zurück und ruft im ersten seiner drei Monologe jubelnd das Glück im Bild der auf einer Kugel rollenden Fortuna an, das ihm durch den Sieg gegen die Schweden Ruhm und Liebe gewähren soll.

Zweiter Akt: Sieg und Verhaftung

Erster und zweiter Auftritt: Insubordination

(II,1) Schauplatz ist jetzt das Schlachtfeld bei Fehrbellin. Dem Geschehen ist eine vorbereitende Szene vorangestellt, die die militärischen Abhängigkeitsverhältnisse und die Führungsrolle des Prinzen verdeutlicht: Oberst Kottwitz befehligt die Reiterei, ist aber dem Prinzen unterstellt. Er hat den ihm zugewiesenen Ort erreicht und wartet mit den

Homburgs Unfall

Offizieren auf Homburg. Es wird berichtet, der Prinz habe einen Unfall gehabt und sei mit seinem Pferd gestürzt. Aber Hohenzollern verkündet, Homburg habe sich nur die Hand verletzt. Von diesem Unfall erfährt der Kurfürst, der deshalb später davon ausgeht, dass Homburg nicht die Reiterei geführt hat (vgl. 742 ff.).

(II,2) Homburg kommt mit verbundener Hand nach einem Besuch der Kapelle eines nahe gelegenen Dorfes zu seinen Truppen. Er ist zerstreut, weil er innerlich immer noch so mit dem Geschehen der Nacht beschäftigt ist, dass er seine Aufgabe im Schlachtplan nicht kennt. Er fragt Hohenzollern danach, nimmt aber dessen präzise Rekapitulation von Plan und Parole wiederum nicht zur Kenntnis.

Die Schlacht

Die jetzt beginnende Schlacht selbst wird in der Mauerschau (Teichoskopie) vorgeführt, das heißt, der Zuschauer kann sie sich nur anhand der Kommentare der beobachtenden Offiziere vorstellen. Homburgs verwunderte Fragen nach der Aufstellung der einzelnen Truppenteile lassen seine andauernde Befangenheit im Traum und die daraus folgende völlige Hilflosigkeit als höchster militärischer Führer erkennen.

Als die brandenburgischen Truppen ohne sein Eingreifen zu siegen scheinen, gibt er den Befehl zum Angriff. Vergebens versuchen seine Offiziere ihn zurückzuhalten, indem sie ihn an die Order des Kurfürsten erinnern. Ihr Widerstand erreicht seinen Höhepunkt, als Homburg einen Offizier verhaften lässt, weil er seinem Befehl nicht folgen will.

Auch Kottwitz mahnt den Prinzen, den Befehl einzuhalten, wird aber von ihm indirekt der Feigheit bezichtigt und macht trotz massiver Bedenken mit, als der Prinz die Verantwortung übernimmt. Jetzt geschieht genau das, was hatte vermieden werden sollen: Der Prinz greift mit seiner Reiterei in die Schlacht ein, ohne den Befehl des Kurfürsten abzuwarten.

Die Missachtung des Befehls

Dritter bis achter Auftritt: Der Erfolg

(II,3) Wegen eines Schadens an ihrem Wagen unterbricht die Kurfürstin in einem Dorf ihre Reise, die wegen des erfochtenen Sieges nicht weitergeführt werden muss.

(II,4) Außer der Siegesnachricht erfährt sie in ihrem Zimmer, dass ihr Mann, der Kurfürst, in der Schlacht gefallen sei, wie Augenzeugen gesehen haben wollen. Sie will den Boten der Schreckensnachricht sprechen.

Tod des Kurfürsten?

(II,5) Der Bote, ein Offizier, berichtet, dass der Angriff des Prinzen von Homburg anfangs erfolgreich war, dann jedoch zum Stehen kam. Der in diesem Augenblick hinzukommende Kurfürst sei, von einer feindlichen Kugel getroffen, mit seinem Pferd niedergesunken. Der Prinz habe dies gesehen und in rasender Wut den Feind in die Flucht geschlagen. Erst ein noch nicht gesicherter Brückenkopf habe den vollständigen Sieg verhindert. Die Kurfürstin wird ohnmächtig.

(II,6) Der Prinz kommt hinzu, bestätigt die Todesnachricht und bietet den Frauen seine Hilfe an. Als Vollstrecker des Letzten Willens des Kurfürsten will er die Schweden aus dem Land vertreiben. Natalie, die sich zum zweiten Mal verwaist fühlt, will er nicht nur Freund und Beschützer sein, sondern sie heiraten. Sie lässt sich von ihm küssen, reißt sich aber los. Er wertet ihr Verhalten als Zustimmung und be-

Wünsche des Prinzen

dauert, dass der Kurfürst ihren Bund nicht mehr segnen kann.

(II,7) In einer knappen Szene wird überraschend das Gerücht übermittelt, dass der Kurfürst doch am Leben sei.

(II,8) Nach dieser unvermuteten Wende wechselt die Stimmung radikal von tiefer Erschütterung zu höchster Freude, als durch einen Augenzeugen die näheren Umstände bekannt werden. Nicht der Kurfürst habe seinen Schimmel geritten, sondern sein Stallmeister Froben, der mit seinem Herrn das Pferd getauscht habe, um ihn zu schützen. Er sei von den Feinden für den Kurfürsten gehalten und von ihnen getötet worden. So habe er durch seine Treue den Kurfürsten gerettet.

Frobens Treue

Homburg erfährt erstaunt, dass ein Waffenstillstand geschlossen sei, dass Friedensverhandlungen stattfänden und die Generalität dem Kurfürsten nach Berlin folgen solle. Bevor der Prinz sich nach Berlin begibt, bittet er die Kurfürstin, seine Verbindung mit Natalie zu unterstützen, was sie nicht ablehnt. Deshalb ist er überglücklich.

Neunter und zehnter Auftritt: Verhaftung und Verurteilung

(II,9) Die letzten Szenen spielen vor dem Schloss in Berlin. Der Kurfürst verurteilt scharf den zu früh erfolgten Angriff der Reiterei, der die vollständige Vernichtung der Schweden verhinderte. Der Offizier, der das frühe Eingreifen befohlen habe, sei »des Todes schuldig« (720) und werde vor ein Kriegsgericht gestellt. Er vergewissert sich aber, dass der Prinz die Reiterei nicht geführt habe und deshalb den Befehl zum Angriff nicht habe geben können, da er schwer verwundet

Vorschnelle Verurteilung

gewesen sei. Abschließend stellt er fest, dass er einen solchen glänzenden Sieg nicht dem Zufall verdanken wolle und dass das Gesetz allein maßgeblich sei.

(II,10) Der Prinz kommt mit schwedischen Fahnen hinzu und tritt wie ein Triumphator auf. Um so überraschender wirkt auf ihn das Verhalten des Kurfürsten. Dieser ist aufs Äußerste betroffen, als er erfährt, dass entgegen seiner Annahme der nur leicht verletzte Prinz die Reiterei geführt habe und somit für den nicht befohlenen Angriff verantwortlich war. Deshalb lässt er Homburg verhaften.

Verhaftung Homburgs

Der Prinz ist aufs Äußerste betroffen und fragt erstaunt nach dem Grund, als ihm der Degen abgenommen wird. Hohenzollern erklärt ihm sein befehlswidriges Verhalten. Der Prinz versteht aber immer noch nicht seine Verfehlung, weil die Schlacht ja gewonnen wurde. Das Gesetz, nach dem der Kurfürst richtet, ist deshalb für ihn sinnlos. Fassungslos und verbittert bezeichnet er den Kurfürsten als einen gefühllosen Tyrannen und distanziert sich von ihm. Dieser übergeht die Provokation.

Dritter Akt: Der Zusammenbruch

Erster und zweiter Auftritt: Im Gefängnis

(III,1) Der Prinz nimmt im Gefängnis zu Fehrbellin seine Verhaftung nicht ernst und rechnet damit, schnell wieder entlassen zu werden. Als ihn Hohnzollern besucht, ist er überzeugt, dass dieser ihm die Begnadigung bringt. Als sich diese Hoffnung als falsch erweist, hofft er immer noch und lässt sich von den Berliner Siegesfeiern berichten. Dabei er-

Homburgs Optimismus

fährt er, dass sein Name auf ausdrücklichen Befehl des Kurfürsten als der des Siegers genannt wird.

Auch als ihn Hohenzollern an das Verhör vor dem Kriegsgericht erinnert, ist er noch guten Mutes und sieht das Todesurteil als reine Formalität an, der die Begnadigung durch den Kurfürsten folgt. Er kann sich nicht vorstellen, dass er sterben muss, nur weil er kurz vor dem Befehl in die Schlacht eingegriffen hat, zumal siegreich. Seine Zuversicht gründet auf seiner emotionalen Einschätzung des Kurfürsten, der, wie er weiß, ihm persönlich zugetan ist.

Hohenzollern erschüttert diese Sicherheit durch die Nachricht, dass sich der Kurfürst das Urteil zur Unterschrift habe kommen lassen und dass auch der Feldmarschall das Schlimmste befürchte. Vollends ins Wanken gerät Homburgs Zuversicht durch Hohenzollerns Mitteilung, der schwedische König habe um Natalie geworben, sie habe aber abgelehnt, da sie schon vergeben sei. Homburg nimmt sofort an, dass er wegen seiner Verlobung mit Natalie den politischen Plänen des Kurfürsten, mit Schweden Frieden zu schließen, im Wege sei und deshalb ausgeschaltet werden müsse.

Stimmungswandel

Jetzt gibt er sich auf. Hohenzollern rät ihm, zur Kurfürstin zu gehen, auf Natalie zu verzichten und so das Hindernis für seine Begnadigung aus dem Weg zu schaffen.

(III,2) Der Prinz folgt dem Rat, und der wachhabende Offizier lässt ihn auf sein Ehrenwort hin gehen.

Dritter bis fünfter Auftritt: Bei der Kurfürstin

(III,3) Die nächsten drei Szenen spielen im Zimmer der Kurfürstin. Sie rät ihrer Nichte, durch eine Bitte beim Kurfürsten zu versuchen, Homburgs Leben zu retten.

(III,4) Als Natalie gehen will, wird der Prinz gemeldet, der unbedingt Gehör finden wolle. Die Kurfürstin reagiert unwillig, weil sie meint, Homburg habe ohne Erlaubnis seine Haft verlassen, lässt ihn aber doch zu sich kommen.

(III,5) Der Prinz hat auf dem Weg zur Kurfürstin das für ihn bestimmte Grab gesehen und sinkt ihr fassungslos zu Füßen. Er fällt in solche Todesangst, dass er vor ihr und Natalie nur noch um das nackte Leben fleht und sie beschwört, beim Kurfürsten um Gnade für ihn zu bitten. Auf alle seine Ämter will er verzichten, will sich aus der Armee entfernen lassen, nötigenfalls sogar unehrenhaft.

Todesangst

Als ihn die erschütterte Kurfürstin auffordert, gefasst zu sein, und ihm mitteilt, dass sie schon bei ihrem Mann für ihn eingetreten sei, allerdings vergeblich, will der Prinz zugunsten des schwedischen Königs sogar auf Natalie, die er nicht mehr zu lieben vorgibt, verzichten und fordert sie auf, diesen entweder zu heiraten oder ins Kloster zu gehen und ein Kind zu adoptieren. Er selbst will auf seinen Gütern ein zurückgezogenes Leben führen.

Aber Natalie hat sich gefasst und fordert Homburg auf, Haltung zu bewahren und in seinen Kerker zurückzukehren. Sie selbst will zum Kurfürsten gehen und für ihn bitten. Wenn dieser das Urteil nicht ändern könne, müsse der Prinz den Tod akzeptieren. Homburg hat wegen ihres gefassten Auftretens neue Hoffnung und kehrt zurück in seine Haft.

Natalies Entschluss

Vierter Akt: Die Entscheidung des Prinzen

Erster Auftritt: Natalie beim Kurfürsten

Natalies Gespräch mit dem Kurfürsten

(IV,1) Diese gewichtige längere Szene spielt im Arbeitszimmer des Kurfürsten. Natalie bittet ihn um Homburgs Leben, nicht für sich, wie sie betont, nur um seinetwillen. Als der Kurfürst sie auf des Prinzen Verfehlung hinweist, entschuldigt sie ihn mit seiner Jugend und verweist auf den Widerspruch zwischen Sieg und Hinrichtung des Siegers.

Der Kurfürst begründet sein Verhalten staatspolitisch. Er sagt, er sei kein Tyrann, der willkürlich entscheiden könne. Der überindividuelle Wert sei das Vaterland und seine Rechtsordnung, die er zu beachten habe. Er müsse an die Konsequenzen einer Befehlsverweigerung denken.

Aber Natalie entgegnet, eine Begnadigung festige eher das Vaterland, als dass sie es zugrunde richte, und tritt für die notwendige Ergänzung der Geltung des Gesetzes durch das Gefühl von Recht und Unrecht ein.

Den Kurfürsten interessiert, ob Homburg ebenso denke. Als Natalie ihm vom verzweifelten Zustand des Prinzen berichtet, ist er aufs Äußerste erstaunt und enttäuscht. Erstaunlicherweise ist er sofort zur Begnadigung des Prinzen bereit, und zwar unter der Bedingung, dass Homburg den Spruch des Gerichts für ungerecht erklärt.

Bedingte Begnadigung

In ihrer Freude über den überraschenden Sinneswandel und die unvermittelte Begnadigung beachtet Natalie die einschränkende Bedingung nicht, sondern will sofort den entsprechenden Brief des Kurfürsten dem Prinzen überbringen.

Zweiter Auftritt: Die Taktik der Prinzessin

(IV,2) Ein Offizier überreicht der Prinzessin in ihrem Zimmer eine von Oberst Kottwitz geschriebene Bittschrift aller Offiziere ihres Regiments zugunsten des Prinzen mit der Bitte, als nomineller Chef des Regiments möge sie ebenfalls unterschreiben. Sie bedauert, dass nur die Offiziere ihres Regiments unterschrieben haben, und erfährt, dass Kottwitz außerhalb stationiert ist und nicht ohne Befehl nach Fehrbellin kommen will, um die Offiziere der anderen Regimenter ebenfalls zur Unterschrift zu bewegen.

Natalies Eigenmächtigkeit

Nach einigem Überlegen gibt Natalie vor, der Kurfürst habe ihr aufgetragen, das Regiment nach Fehrbellin zu verlegen, und schreibt eine entsprechende Order, die nur nach ihrem ausdrücklichen Befehl zu Kottwitz zu bringen sei.

Dritter und vierter Auftritt: Die Anerkennung der Schuld

(IV,3) Bei seiner Rückkehr von Natalie hat der Prinz noch einmal das für ihn bestimmte Grab angeschaut und ist gelassener geworden. In einem Monolog sinnt er nüchtern über die Flüchtigkeit des menschlichen Lebens nach.

(IV,4) In der entscheidenden Wendepunktszene übergibt Natalie dem Prinzen das Schreiben des Kurfürsten mit der bedingten Begnadigung und der Bitte um Antwort. Langsam begreift der Prinz, dass und warum der Kurfürst die Entscheidung in seine Hand gelegt hat. Natalie erkennt die Bedingung des Kurfürsten und befürchtet, dass der Prinz nicht darauf eingeht. Sie erinnert ihn an das vorbereitete Grab und drängt ihn deshalb, die Bedingung anzunehmen.

Homburgs Wandlung

Homburg zögert aber, den Brief in dem von ihr gewünschten Sinn zu verfassen, um damit dem Tod zu entgehen. Ihm wird die Tragweite der ihm überlassenen Entscheidung bewusst, und er will sich der Souveränität des Kurfürsten würdig erweisen. Jetzt erkennt er seine schwerwiegende Schuld, akzeptiert die Rechtmäßigkeit des Urteils und schreibt den Brief, wie ihn der Kurfürst erwartet hat.

Brief an den Kurfürsten

Als Natalie die Wende im Verhalten Homburgs erkennt, bewundert sie ihn und gesteht ihm erneut ihre Liebe. Sie lässt jetzt ihre Order an Kottwitz abschicken, umgehend mit seinen Truppen nach Fehrbellin zu kommen.

Fünfter Akt: Die Begnadigung

Erster bis vierter Auftritt: Rebellion?

(V,1) Die Szenen 1–9 spielen wieder im Schloss zu Fehrbellin, die letzten beiden in dessen Garten. Völlig unvorbereitet erfährt der Kurfürst, dass sich Kottwitz, eigenmächtig wie er meint, mit seinem Regiment von seinem Standort entfernt und sich vor dem Schloss in Fehrbellin aufgestellt hat. Er gestattet auch nach kurzem Nachdenken, dass seine Offiziere an der anberaumten Versammlung im Rathaus teilnehmen.

Verhalten des Kurfürsten

(V,2) In einem Monolog überlegt er, wie er sich einer möglichen Rebellion des Militärs gegenüber verhalten soll. Er will nicht wie ein orientalischer Despot gegen den nach seiner Ansicht eigenmächtig handelnden Kottwitz vorgehen, sondern vertrauensvoll und besonnen. Durch seine Bedienten lässt er Erkundigungen einziehen.

(V,3) Der Feldmarschall stürzt aufgeregt herein und warnt den Kurfürsten vor einer Rebellion der Offiziere, die eine Bittschrift zugunsten des Prinzen unterschrieben. Er drängt ihn, den Prinzen zu begnadigen, um einem möglichen Aufstand zu verhindern. Der Kurfürst reagiert überlegen und gelassen. Er relativiert die Nachricht, die Offiziere wollten den Prinzen mit Gewalt befreien, erinnert an das Todesurteil des Kriegsgerichts, betont aber, gefühlsmäßig sei er völlig auf der Seite der Offiziere. Was eine Begnadigung angehe, so müsse er aber den Prinzen selber fragen.

Überlegenheit des Kurfürsten

(V,4) In dieser schwierigen Situation erhält er den Brief des Prinzen und liest ihn. Damit kennt er Homburgs Entscheidung, teilt sie aber noch nicht mit. Dann lässt er sich das Todesurteil und den Pass des schwedischen Gesandten bringen und befiehlt das Erscheinen der Offiziere.

Der Brief Homburgs

Fünfter Auftritt: Die Diskussion mit den Offizieren

(V,5) In der sehr ausführlich gestalteten Szene wird die Diskussion des Kurfürsten mit seinen Offizieren vorgeführt, die ihm die Begnadigung des Prinzen abringen wollen.

Bevor Kottwitz dem Kurfürsten die Bittschrift überreichen kann, will der Kurfürst von ihm wissen, warum er seinen Standort verlassen hat. Als Kottwitz ihm die Order der Prinzessin zeigt, erfasst der Kurfürst sofort die Lage, erkennt stillschweigend den Befehl als seinen eigenen an und sagt, er habe ihn nach Fehrbellin beordert, damit er mit seinem Regiment dem Prinzen die letzte Ehre erweisen kann.

Die Bittschrift der Offiziere

Der Kurfürst liest die Bittschrift, nachdem er sich vergewissert hat, dass sie ohne Wissen des Prinzen entstanden ist. Er verwundert sich, dass Kottwitz das Verhalten des Prinzen verteidigt, obwohl er vor der Schlacht anderer Ansicht war.

Kottwitz' Einstellung

Als Kottwitz für die Eigeninitiative des Prinzen eintritt und sagt, er selbst würde die Tat des Prinzen wiederholen, selbst wenn er mit seinem Leben büßen müsste, weist ihn der Kurfürst darauf hin, dass durch diese Tat die völlige Vernichtung des Feindes gescheitert sei und dass es deshalb unbedingt notwendig sei, sich nach dem Befehl zu richten.

Der Kurfürst lässt den Prinzen zu seiner eigenen Unterstützung holen, weil er im Gegensatz zu den anderen dessen Meinung kennt. Während dieser Zeit erinnert ihn Hohenzollern an die Ereignisse im Schlossgarten in der Nacht vor der Schlacht. Der Scherz des Kurfürsten habe den Prinzen von der Realität abgelenkt und dessen Aufmerksamkeit bei der Mitteilung des Schlachtplans entscheidend gestört. Deshalb trage eigentlich der Kurfürst selbst die Schuld an Homburgs Verhalten.

Hohenzollerns Argumente

Der Kurfürst denkt darüber nach, verlängert aber dann die Kette der Schuld und meint, hätte Hohenzollern ihn nicht in den Schlossgarten gerufen, hätte er den Scherz nicht machen können. Er weist Hohenzollerns Argumente hart zurück.

Sechster bis achter Auftritt:
Die neue Haltung des Prinzen

(V,6) Der Prinz verspätet sich etwas, weil er sich auf dem Wege noch einmal das für ihn bestimmte Grab ansehen will.

(V,7) Er liest die Bittschrift der Offiziere, ist gerührt über das Vertrauen, das ihm seine Kollegen entgegenbringen, akzeptiert aber den ihm zuerkannten Tod, um die Gültigkeit des Gesetzes zu »verherrlichen« (1752). Ein Sieg sei nicht so wichtig wie die Überwindung des inneren Feindes, nämlich seiner Überheblichkeit.

Homburgs neue Haltung

Er ist versöhnt mit dem Kurfürsten und bittet ihn um Verzeihung für sein Vergehen. Als Zeichen der Vergebung ersucht er ihn, den Frieden mit Schweden nicht mit Natalie zu erkaufen, was der Kurfürst verspricht. Dann lässt er sich in sein Gefängnis zurückführen.

(V,8) Als der zurückkehrende Prinz Natalie sieht und seine Offizierskollegen ihn trösten wollen, reißt er sich los und bleibt bei seinem Entschluss sterben zu wollen.

Neunter bis elfter Auftritt: Die Begnadigung

(V,9) Voller Ärger und Enttäuschung über das Verhalten des Kurfürsten bleiben die Offiziere zurück. Jetzt enthüllt der Kurfürst ihnen seinen Entschluss. Er schickt dem schwedischen Gesandten den Pass zurück, weil der Krieg wieder beginnen soll, erinnert sie daran, dass Homburg ihn dreimal am vollständigen Sieg gehindert habe, und fragt sie, ob sie es erneut mit ihm versuchen wollen. Als alle begeistert bejahen, zerreißt er das Todesurteil und fordert sie auf, ihn in den Garten zu begleiten.

Die Begnadigung

(V,10) Wie die Anfangsszene, so spielen auch die beiden letzten Szenen in der Nacht im Garten. In seinem Monolog an die Unsterblichkeit zeigt sich der Prinz geläutert und dem Irdischen schon entrückt.

(V,11) Wieder tritt der Kurfürst an die Rampe des Schlosses. Er trägt den Lorbeerkranz mit der goldenen Kette und gibt ihn der Prinzessin. Der Prinz, dem die Binde von den Augen genommen wird, glaubt dem Tode nahe zu sein. Als Natalie ihm den Kranz aufsetzt und die Kette umhängt, fällt er in Ohnmacht. Der Kanonendonner weckt ihn, alle feiern ihn als den Sieger der Schlacht von Fehrbellin. Gemeinsam wollen sie Brandenburgs Feinde vernichten.

Der Sieger

3. Personen

Prinz Friedrich Arthur von Homburg

Gleich zu Beginn erscheint die Titelfigur des Stückes in einem ungewöhnlichen, befremdlichen Zustand: Der General der kurfürstlichen Reiterei Brandenburgs im Krieg gegen Schweden windet sich, unmilitärisch gekleidet und traumverloren, im Garten des Schlosses einen Siegerkranz und verfolgt schlafwandelnd den Kurfürsten und Natalie zum Schloss.

Ruhm und Liebe

In diesem Verhalten offenbaren sich die geheimen Regungen von Homburgs Unterbewusstsein: das Streben nach Ruhm, Liebe und Glück, aber auch nach einem verwandtschaftlichen Verhältnis zur kurfürstlichen Familie. In seiner Selbstbezogenheit ist der Prinz der Realität des Krieges entrückt. Während der Ausgabe der Parole ist er so unaufmerksam, dass er nur die Worte behält, die seiner triumphierenden Stimmung entsprechen, nämlich das Signal für sein Eingreifen in die Schlacht (vgl. 322). Befehle zu empfangen ist Kriegshandwerk, das Spiel mit dem Handschuh Liebesdienst. Die Aufgabe, mit beidem gleichzeitig zurechtzukommen, geht über das Vermögen des jungen Mannes.

Homburgs Ich-Bezogenheit

Homburgs Selbstbezogenheit zeigt sich besonders in seinem Verhalten vor seiner Insubordination. Kottwitz sagt ihm noch einmal klar die Parole. Er aber beruft sich auf die Order des Herzens (vgl. 475), provoziert den verdienten Oberst und bringt ihn so dazu, mitzumachen. Damit nicht genug: Er lässt sogar einen Offizier verhaften, weil dieser ihn wegen seiner Befehlsverweigerung gefangen nehmen will. In dem Augenblick, in dem der Prinz einen ausdrücklichen Befehl missachtet, bestraft er das gleiche Vergehen bei einem anderen. Das ist eine Vorwegnahme seines eigenen Schicksals.

Insubordination

Als sich der Sieg ohne sein Zutun den kurfürstlichen Truppen zuzuneigen scheint (vgl. 465), greift er ein. Seine Eigenmächtigkeit könnte daraus folgen, dass ein veränderter Ablauf der Schlacht auch eine Planänderung erforderlich macht. Das scheint aber nicht der Fall zu sein, denn das Argument wird vom Prinzen später nicht verwendet. Er greift ein, weil er fürchtet, keinen Anteil am erhofften Ruhm zu haben. Es geht ihm nur um sich selbst, nicht um das Schicksal des Staates. Er sieht nicht ein, warum er sich noch nach Befehlen richten soll, wenn sich plötzlich die Chance zur Verwirklichung seiner Wünsche bietet. Seinen Erfolg verdankt er dem Schlachtplan, den er übertritt, und der Täuschung über den Tod des Kurfürsten, die ihn motiviert. Zwar übernimmt er die Verantwortung (vgl. 497), allerdings ohne den Ernst der Situation und die Konsequenzen seiner Befehlsübertretung voll zu begreifen.

Gipfel des Glücks

Der Logik seiner Traumwelt zufolge hat er durch sein beherztes Eingreifen ebenjenen höchsten Ruhm und den erträumten Lorbeerkranz des Siegers verdient. Er fühlt sich auf dem Gipfel des Ruhms angekommen, zumal Natalie ihm zugetan zu sein scheint (vgl. 701 ff.). Nach der Nachricht vom Tod des Kurfürsten will er dessen Rolle übernehmen, politisch und als Beschützer Natalies (vgl. 581 f.). Die Realität scheint sich seinem Traum gefügt zu haben.

Als er dann erfährt, dass der Kurfürst lebt, reagiert er eigenartig: Die Nachricht fiele »schwer wie Gold in meine Brust!«, sagt er zum Übermittler. Es bleibt offen, ob er erleichtert oder enttäuscht darüber ist, dass seine Träume, den kurfürstlichen Willen erfüllen zu dürfen, sich nicht realisieren lassen. Aber er sieht sich immer noch auf dem Gipfel des Glücks. Als die Kurfürstin ihn auf dem Weg nach Berlin als »Sieger in der Schlacht« (709) bezeichnet, dem sie Natalies Hand nicht verwehren kann, glaubt er sich auf dem Weg zur Unsterblichkeit römischer Kaiser (vgl. 714 f.).

Einbruch der Realität

Seinem Hochgefühl begegnet die unerbittliche Wirklichkeit. Der Kurfürst als höchster Vertreter des Staates lässt ihn verhaften und will ihn vor ein Kriegsgericht stellen.

Unverständnis

Zunächst kann Homburg keinen Zusammenhang zwischen seinem frühzeitigen Eingreifen in die Schlacht und der Verhaftung herstellen. Seine Tat erscheint ihm nur als eine leichte Verfehlung gegen das Gesetz, die durch den Sieg mehr als ausgeglichen sei. Deshalb ist er empört über die Maßnahme des Kurfürsten und nennt ihn einen Tyrannen altrömischer Art (vgl. 777 ff.). Er, der sich bisher vom Kurfürsten »wie ein Sohn« (830) wertgeschätzt fühlte, will sich nicht wegen eines, wie er meint, geringfügigen Vergehens auf dem Altar despotischer Herrschaft opfern lassen.

Er nimmt seine Verurteilung nicht ernst und glaubt, der Kurfürst habe ihn nur warnen wollen und würde ihn bald begnadigen, weil zwischen ihnen ein tiefes Vertrauensverhältnis bestehe. Diese Zuversicht gründet sich auf sein »Gefühl« (868).

Wie brüchig diese Gefühlsgrundlage ist, wird in seiner Reaktion auf Hohenzollerns Hinweis deutlich, die Verurteilung erfolge vielleicht wegen seiner eigenmächtig vollzogenen Verlobung mit Natalie. Der Prinz stehe damit vielleicht politischen Plänen im Wege, die der Kurfürst mit ihr habe. Sofort gibt er sich »verloren« (931).

Todesfurcht

Als der Prinz auf dem Weg zur Kurfürstin sein ausgehobenes Grab sieht, dringt die unmittelbare Gefahr des Todes auf ihn ein. Die Todesfurcht entlarvt seine bisherige Existenzform als scheinhaft und nichtig. Dieser Tod ist nicht wie auf dem Schlachtfeld abstrakt und mit Ehre verbunden, sondern ist reduziert auf den bloßen Vorgang des Sterbens und Verwesens.

Ich-Verlust

Jetzt realisiert der Prinz die Konsequenzen seines Handelns, die seinen Glücksfantasien diametral entgegengesetzt sind, und es kommt zur Zurücknahme der bisherigen Existenzform, ein »Ich-Verlust in extremer Existenzbedrängnis« (Hinderer, S. 179). Der Prinz ist bereit, alles, was bisher Sinn und Gehalt seines Lebens ausmachte, aufzugeben um des nackten Daseins willen (vgl. 1003 u. 1035). Er gibt »jeden Anspruch auf an Glück« (1022) und verleugnet sogar seine Gefühle Natalie gegenüber. Er gibt sie frei, damit sie den schwedischen König heiraten kann, und mutet ihr zu, ins Kloster zu gehen und sich Kinderglück zu erkaufen (vgl. 1045), wenn sie die politische Heirat vermeiden will. Seine Angst vor dem Tod und sein Überlebenswille machen alle Einrichtungen und Konventionen ungültig, die ein standesgemäß kultiviertes Leben ausmachen.

Der Kurfürst reagiert erstaunlich aufgeschlossen und setzt Homburg zum Richter über sich selbst ein. Er soll über die Rechtmäßigkeit des Urteils und damit über die Vereinbarung seiner Tat mit dem Kriegsgesetz selbst urteilen.

Einstellungsänderung

Dadurch verändert sich das Rollenverhalten des Prinzen. Er will dem Kurfürsten »nicht, ein Unwürdiger, gegenüber stehn« (1381, vgl. 1345 f.) und wird zum gleichrangigen Entscheidungsträger. Er lehnt die bedingte Begnadigung ab, gewinnt so die moralische Gleichwertigkeit mit dem Kurfürsten und auch Natalies Liebe zurück. Durch diesen plötzlichen Perspektivenwechsel gelangt er zur Einsicht seiner »bedeutende[n]« Schuld (vgl. 1382). Er erkennt, dass die Insubordination die Konsequenz seines eigentlichen Fehlverhaltens ist: seiner Ruhmsucht und Selbstbezogenheit. Ein durch sein Weiterleben möglicherweise errungener Sieg wiege nicht so viel wie der »Triumph« über den »verderblichsten / Der Feind' in uns, den Trotz, den Übermut« (1756 f.).

Jetzt gelangt der Prinz über seine bisherige Selbstbefangenheit hinaus und erkennt das Verhalten des Staatschefs an, der handeln kann, »wie er darf«, also wie es sein Gewissen verantworten kann, während es Homburgs Sache ist, sich zu verhalten, »wie er soll« (1375), also wie es das Gesetz fordert. Deshalb ist er für die von ihm während seines Zusammenbruchs schroff abgewiesene Natalie, die ihn kurz vorher »unwürdig« fand (1165), jetzt ein Held, der dem drohenden Tod gefasst entgegengeht: »du gefällst mir!« (1388). Auch der Kurfürst spricht den geläuterten Homburg mit »junger Held« (1776) an und nennt ihn jetzt seinen »Sohn« (1784).

Homburg erkennt nicht nur seine Schuld, sondern er erkennt sie an. Er hat das Gesetz internalisiert und zum

Anerkennung des Gesetzes

»heilige[n] Gesetz des Krieges« (1750) veredelt, das er durch einen »freien Tod« (1752) verherrlichen will. Durch sein Schuldbewusstsein ist er nun in der Lage, das »Gesetz« und damit zugleich den Kurfürsten zu verstehen, denn in der Anerkennung des Gesetzes besteht zugleich die Anerkennung des Kurfürsten als dessen Verkörperung.

Das Selbstverständnis des Kurfürsten, kein Tyrann, sondern ein dem Gesetz folgender Herrscher zu sein, wird von Homburg adäquat erfasst, weil er zu neuem Selbstbewusstsein gelangt. Ähnlich wie Stallmeister Froben, der freiwillig für seinen Herrn starb, will der Prinz freiwillig für sein Vaterland sterben. Dieser Tod, auf den er sich vollständig eingestellt hat (vgl. V,10), ist für ihn nicht mehr Ausdruck der Willkür eines Tyrannen oder der Starrheit von Gesetzen, sondern wird von ihm akzeptiert im Dienste des Kampfes für die Freiheit aller (vgl. Thorwart, S. 266). Weil er sein egozentrisches Leben in ein Leben verändert, das die Gemeinschaft und das Gesetz anerkennt, und weil er sich seine Selbstständigkeit dadurch wahrt, dass er sich dem neuen, vaterländischen Gesetz freiwillig unterwirft, muss der Prinz nicht sterben.

Todesbereitschaft

Als statt der Hinrichtung die Begnadigung erfolgt, fällt er in Ohnmacht. Aber ob wirklich Freude der Grund für die Ohnmacht des Prinzen ist, wie Natalie meint, oder die Enttäuschung über den Rückfall aus Unsterblichkeit in Sterblichkeit, bleibt unklar (vgl. Müller-Salget, S. 277).

Der Prinz erlebt einen schmerzhaften Bildungsgang vom ich-bezogenen zum gemeinschaftsbezogenen Selbstbewusstsein. Höhen und Tiefen wechseln abrupt: Nach dem Gipfel des Glücks kommt der tiefe Fall in die Verzweiflung. Dann akzeptiert er den Tod und sehnt ihn sogar herbei. Die letzten Szenen bringen dann wieder »einen sadistisch getönten rabiaten Glückswechsel« (Müller-Salget, S. 277). Homburg ist keine im klassischen Sinne tragische Figur. In ihm findet nicht der Zusammenstoß eines übermächtigen Schicksals mit der Freiheit des Einzelnen statt, wobei sich dieser scheiternd behauptet. In ihm stoßen auch nicht zwei gleichrangige Wertesysteme im Widerstreit aufeinander, wobei er durch seinen Tod für die Gültigkeit eines Wertes eintritt. Zwar steht sein persönliches Wertesystem im Gegensatz zu dem der staatlichen Ordnung, aber er integriert es schließlich in diese.

Eine tragische Figur?

Kurfürst Friedrich Wilhelm von Brandenburg

Als »potenter Gegenspieler« und »ernsthafter Konkurrent des Titelhelden« (Allemann, S. 242) ist der Kurfürst die zweite Hauptfigur des Dramas, vielleicht sogar die rätselhaftere Person (vgl. Kommerell, S. 190).

Der Kurfürst verändert sich wie Homburg im Lauf des Geschehens, wenn auch in anderer Richtung. Er tritt in zwei Arten von Beziehungen auf. Es sind einmal die persönlichen Beziehungen zur Kurfürstin, zu Natalie und auch zum Prinzen. Auf der anderen Seite stehen die formalen Beziehungen zu seinen Offizieren, zu denen Homburg als Führer der Reiterei gehört. In dieser Doppelbeziehung zu Homburg ist der Konflikt schon angelegt. Mit dem träumenden Prinzen treibt er ein gewagtes, folgenreiches Spiel, einen »pädagogischen Familienscherz« oder ein »didaktisches Experiment« (Hinderer, S. 157), indem er ihm den Kranz mit seiner Kette

Das »Spiel« des Kurfürsten und seine Folgen

durch Natalie anbieten lässt. Der Kranz bedeutet Sieg in der Schlacht, die Kette Brandenburg und Natalie das Glück in der Liebe. Er will sehen, wie weit des Prinzen ehrgeizige Träume reichen (vgl. 64).

Aber auf diese Weise wird der Prinz als eine Erscheinung vorgeführt, die man besichtigen kann, und dadurch lächerlich gemacht (vgl. Hinderer, S. 158). Vor allem aber veranlasst der Kurfürst so den Prinzen zu Handlungen und Aussagen, die er andernfalls nicht getan hätte.

Wenn der Kurfürst nach dem grausamen Spiel Geheimhaltung des Geschehens befiehlt, so lässt dies auf ein schlechtes Gewissen schließen, denn ohne sein Eingreifen wäre der Traum geblieben, was er war. Durch die psychoanalytischen Experimente verbindet er sich mit der Wirklichkeit zu einer explosiven Mischung. Die Schuld des Kurfürsten liegt im Abstreifen seiner Verantwortung.

Die entscheidende Konsequenz des kurfürstlichen Spiels ist die Unaufmerksamkeit des Prinzen während der Befehlsausgabe (vgl. I,5). Diese findet in einem verwirrenden Durcheinander statt. Der Kurfürst erfüllt beide Rollen: Er organisiert die Abreise seiner Frau und Natalies, und gleichzeitig werden die Befehle an die Militärs ausgegeben, die der immer noch verwirrte Prinz aufnehmen soll. Der Kurfürst steht über der Konfusion, der Prinz ist ihr nicht gewachsen.

Nachdem der geplante Vernichtungsschlag gegen die Schweden wegen der Nichtbefolgung des Schlachtplans misslungen ist, stellt der Kurfürst fest, dass der Führer der Reiterei »des Todes schuldig« (720) sei, »wer immer« (715) es auch gewesen sein mag. Das wiederholte »wer immer« (735) macht deutlich, dass er ohne Ansehen der Person denje-

Ohne Ansehen der Person

nigen bestrafen will, der gegen die Order verstoßen hat. Er lässt sich versichern, dass es Homburg nicht war, doch mit dem »gleichviel« (729) gibt er zu verstehen, dass er keine Ausnahme machen will.

Der Kurfürst scheint zwar mit seinem Urteil dem Kriegsgericht vorzugreifen, aber er weiß, dass bei der eindeutigen Rechtslage das Gericht nur das Todesurteil fällen kann, denn das kodifizierte Recht unterscheidet bei einem Vergehen nicht nach Erfolg oder Misserfolg (vgl. Schunicht, S. 53).

Der Kurfürst zeigt Beständigkeit

Als es sich bestätigt, dass doch der Prinz die Reiterei geführt hat, ändert dies nichts an der Einstellung des Kurfürsten. Er lässt Homburg verhaften. Das erschockene Verhalten seiner Umgebung scheint ihn unberührt zu lassen.

Im Gespräch mit Natalie zieht er sich zuerst auf die formale Position zurück und spitzt das Problem auf den Gegensatz zwischen Satzung und Willkür zu. Als Staatsoberhaupt müsse er auf die Einhaltung der Gesetze achten und könne den Spruch des Gerichts nicht übergehen. Er könne nicht guten Gewissens Herrscher sein, wenn er den Sieg, der unter Missachtung seiner Funktion als Staatschef errungen wurde, einfach akzeptiert.

Reaktion auf Homburgs Todesfurcht

Als er erfährt, in welchem Zustand sich der Prinz befindet, reagiert er zuerst »betroffen«, dann »im äußersten Erstaunen« und schließlich »verwirrt« (Bühnenanweisungen IV,1). Offenbar hat er eine gefasste, militärische Reaktion erwartet und muss nun zur Kenntnis nehmen, dass der Prinz zutiefst menschlich reagiert. Vielleicht geht er davon aus, dass er selbst und oder das Gericht entscheidende Gesichtspunkte übersehen haben.

Vielleicht zweifelt er auch an der eben noch gepriesenen Satzung, oder er erkennt eine ebenso ich-bezogene Einstellung bei sich selbst wie beim Prinzen, denn er spricht von seinen Siegen (vgl. 349 ff.), von den Schlachten, die er zu kämpfen hat (vgl. 730 ff.).

Der Kurfürst knüpft an die Begnadigung allerdings eine Bedingung, die diese aber rechtlich nicht ungültig macht: Falls der Prinz den Spruch des Gerichts als ungerecht ansehen sollte, sei er frei (vgl. 1185 f.). Das bedeutet, wenn der Prinz glaube, ihm geschehe Unrecht, sein Ungehorsam sei also berechtigt gewesen, werde das Todesurteil aufgehoben. Damit spricht er Homburg in seiner Ehre als Offizier und als mündigen Menschen an. Er hebt ihn so auf gleiche Augenhöhe, aus der Abhängigkeit des Verurteilten auf die Ebene des unabhängigen Richters.

Risiko

Das Verhalten des Kurfürsten zeugt von Menschenkenntnis, ist aber nicht ohne Risiko (vgl. Hinderer, S. 155): Kann man vom Prinzen erwarten, dass er entsprechend der Absicht des Kurfürsten reagiert? Wie hätte dieser sich verhalten, wenn der Prinz die Bestrafung für Unrecht erklärt hätte? Wäre dann nicht die Bedeutung des Kriegsrechts abgeschwächt worden? Der Kurfürst muss sich gewiss gewesen sein, dass der Prinz die bedingte Begnadigung nicht akzeptieren wird. Nach einer solchen moralischen Leistung ist ein Vollzug der Todesstrafe dann nicht mehr nötig. So kann dem Prinzen eine würdevolle statt einer unwürdigen Begnadigung zukommen.

Verhältnis zu Natalie

Dass Natalie im Gegensatz zu seiner Frau auf Anhieb bei ihm Erfolg hat mit ihrer Bitte um Homburgs Leben, lässt auf eine besondere Beziehung zu seiner Nichte schließen. Er spricht von ihr mit Zärtlichkeit, nennt sie »mein süßes Mädchen« (241), »mein Töchterchen« (243) und deckt ihre Eigenmächtigkeit, die Truppen in die Stadt zu beordern.

Als eine »Rebellion« (1428) der Offiziere zu befürchten ist, reagiert der Kurfürst überlegen und flexibel. Sein »Herz« (1442) sei in ihrer Mitte, wenn sie um das Leben des Prinzen bitten, und er will Kottwitz, der ohne sein Wissen in die Stadt gekommen ist, nicht mit der Strenge des Kriegsrechts, sondern »auf märksche Weise« (1419) begegnen, also mit Verständnis und Freundlichkeit. In dieser Situation handelt er nicht vorschnell wie bei Vorverurteilung des Prinzen, sondern informiert sich über das Verhalten der Offiziere. In Bezug auf die Begnadigung des Prinzen lässt er sich nicht zu voreiligem Tun drängen. Bevor er sich die Argumente der Offiziere anhört, erhält er Homburgs Brief und hat damit den entscheidenden Trumpf in der Hand. Jetzt sind für ihn die Voraussetzungen erfüllt, den Prinzen tatsächlich zu begnadigen.

Überlegtes Vorgehen

In der Diskussion mit Kottwitz spielt der Kurfürst noch die alte Rolle und verteidigt seine grundsätzliche Haltung (vgl. 1561 ff.): Es geht ihm um das Verhältnis von Befehl und Gehorsam. Einen zufälligen Sieg (vgl. 1566) will er nicht, weil ein solcher keine ausreichende Grundlage für den Bestand des Staates sei.

Bevor der als Kronzeuge herbeigerufene Prinz erscheint, muss sich der Kurfürst noch Hohenzollerns Argumente anhören, der ihm wegen seines zweideutigen Spiels mit Homburg die eigentliche Schuld gibt. Der Kurfürst weist den Vorwurf zurück, weil er erkennt, dass solche Überlegungen jedem Straftäter die Verantwortung für seine Handlungen

Gegenargumente

und jedem Strafgesetz seine Legitimation nehmen können (vgl. Just, S. 116). Er reagiert mit Schimpfworten (vgl. 1714), was seine Betroffenheit zeigt.

Als der Prinz erscheint, hat der Kurfürst gewonnen. Er sieht in ihm seinen »Sachwalter« (1613). Als Homburg bereit ist, zur Verherrlichung des Gesetzes zu sterben (vgl. 1750ff.), kann der Kurfürst über eine reine Begnadigung hinausgehen und ihn wieder in seine alte Funktion einsetzen. Er fragt seine Offiziere, ob sie es trotz der Eigenmächtigkeiten des Prinzen »zum vierten Male mit ihm wagen« (1823) wollen.

Neues Herrscherverständnis

Es handelt sich nicht nur um eine rhetorische Frage. Der Kurfürst akzeptiert, dass nicht nur er den Staat verkörpert, sondern dass dieser die Angelegenheit aller Patrioten ist. Er fühlt sich nicht mehr als absolutistischer Herrscher, sondern als Erster in einer Gemeinschaft, der neben den Kriegsgesetzen in seinem Denken und Handeln auch den Gefühlen Raum gibt.

Wandlungen

Homburg und der Kurfürst sind gemischte Charaktere. Beide haben sich durch das Geschehen, durch »die Schule dieser Tage« (1822), wie der Kurfürst meint, verändert. Homburg lernt die Abkehr von ich-bezogenem, selbstsüchtigem Verhalten und gelangt zur Selbstbestimmung mit der Bindung ans Gesetz.

Der Kurfürst rückt ab von der Rolle des absolutistisch regierenden Fürsten und lernt die Einbeziehung des Menschlichen in das Gesetz und damit die Autonomie und Selbstbestimmung seiner Bürger zu akzeptieren.

Prinzessin Natalie von Oranien

Die Prinzessin ist die Nichte des Kurfürsten, der seit dem Tod ihrer Eltern bei ihr die Vaterrolle übernommen hat. Sie spielt im ersten Teil des Geschehens eine eher passive Rolle. Als nominelle Chefin eines Dragonerregiments besitzt sie keine militärische Befehlsgewalt. Im Garten spielt sie das zweifelhafte Spiel des Kurfürsten mit, hat aber wie die Kurfürstin Mitleid mit dem manipulierten Prinzen (vgl. 33).

Aktives Verhalten

Der Wechsel vom passiven zum aktiven Verhalten erfolgt in der Todesfurchtszene. Nachdem der Prinz ihr empfohlen hat, den schwedischen König zu heiraten oder ins Kloster zu gehen, ergreift sie »mutig« (1052) die Initiative. Trotz der würdelosen Äußerungen des Prinzen glaubt sie an den edlen Teil seiner Persönlichkeit (vgl. 1053) und fordert ihn auf, sich zu fassen und die Todesfurcht zu besiegen. Dann bittet sie bei ihrem Onkel für ihn, wobei sie die persönlichen Beziehungen zwischen ihm und Homburg betont. Damit greift sie aktiv in das Geschehen ein.

Kernproblem

Sie wendet unterschiedliche Taktiken an, um den Kurfürsten für eine Begnadigung Homburgs zu gewinnen: Sie spielt dessen Tat herunter und verweist auf seine Jugend und Unerfahrenheit. Mit seinem Eingreifen habe er das Wohlwollen des Kurfürsten gewinnen wollen. »Eifer« (1102) für dessen Ruhm sei der Grund für die Befehlsübertretung gewesen, meint sie, obwohl sie es besser wissen müsste. Den Kern des Konflikts trifft sie, wenn sie dem Kurfürsten auf dessen Hinweis auf die allgemeine Gültigkeit der »Satzung« entgegnet: »Das Kriegsgesetz […] soll herrschen, / Jedoch die lieblichen Gefühle auch« (1129 f.).

Natalie teilt die Ansicht des Kurfürsten über die Gültigkeit des Gesetzes, aber sie hält das rigorose Festhalten an ihm für unmenschlich. So versucht sie, zwischen den sich eigentlich ausschließenden Positionen zu vermitteln. Ihr Plädoyer für die »lieblichen Gefühle« und besonders ihr Hinweis auf die Verzweiflung des Prinzen, den sie selbst als »unwürdig« (1165) bezeichnet, zeigen Wirkung: Der Kurfürst schreibt Homburg den Brief mit der bedingten Begnadigung, allerdings ohne dass sie den Inhalt erfährt.

Vermittlerin

Natalie ist viel zu klug, um dem plötzlichen Sinneswandel des Kurfürsten (vgl. 1200) nicht zu misstrauen. Vielleicht ist sie sich auch Homburgs Reaktion auf den Brief nicht sicher und scheint ein Misslingen ihres Versuchs nicht auszuschließen. Auf jeden Fall will sie ein Druckmittel in der Hand haben, falls es Probleme mit der Begnadigung des Prinzen gibt. Deshalb überschreitet sie ihre Befugnisse und schreibt einen Brief an Kottwitz, in dem sie ihn zurückbeordert. Allerdings ist sie vorsichtig: Der Brief soll erst auf ihren ausdrücklichen Befehl abgeschickt werden.

Überschreitung ihrer Befugnisse

Als der Prinz beim Lesen des Briefes zögert und entscheidende Stellen vorliest, erkennt sie sofort, dass er eine Begnadigung unter der vom Kurfürsten genannten Bedingung nicht annehmen will. Zwar redet sie auf Homburg ein, einen bejahenden Brief zu schreiben; aber als er sich anders entschließt, akzeptiert sie sofort diese unerwartete »Wendung« (1352), küsst und bewundert ihn (vgl. 1388). Mit dieser Haltung entspricht er ihrem wahren Bild vom Prinzen. Jetzt schickt sie den angeblichen Befehl des Kurfürsten zu Kottwitz und beordert ihn nach Fehrbellin, »da es ihr gescheiter-

Bewunderung und Schuld

weise nicht genügt, einen toten Helden zu bewundern« (Müller-Salget, S. 275). Ihre Aktion ist nicht nur gegen den Kurfürsten, sondern als »Anwalt seines Lebensverlangens« (Kohrs, S. 76) auch gegen den Todeswillen des Prinzen gerichtet. Sie lädt objektiv Schuld auf sich, weil sie den Namen des Kurfürsten missbraucht, um das Regiment zu einem Stellungswechsel zu veranlassen und so den Druck auf ihn zu erhöhen. Was sie tut, grenzt an Hochverrat.

Der Kurfürst verhält sich zurückhaltend auf die Nachricht von Kottwitz' Ankunft (vgl. 1497). Er deckt Natalies Vorgehen mit der Mitteilung, das Regiment solle dem Prinzen die letzte Ehre erweisen. Damit hat er wieder die Initiative ergriffen. Von jetzt an richtet er kein Wort mehr an Natalie und spricht über ihr weiteres Schicksal nur noch mit dem Prinzen (vgl. 1790 ff.).

Initiative des Kurfürsten

Sie tritt aus der aktiven Rolle als Schlüsselfigur während des entscheidenden Teils des Geschehens in die passive Rolle des Anfangs zurück. Diese entspricht dem Frauenbild der damaligen Zeit, in der keine Rechtsgleichheit zwischen Mann und Frau bestand. In der Schlussinszenierung darf sie dem Prinzen dann wieder den Kranz aufsetzen, die Kette umhängen und ihre Liebe gestehen.

Passive Rolle

Natalie verkörpert den möglichen Ausgleich zwischen Gesetz und Gefühl. Sie kann als »die vermittelnde, klar denkende und entscheidend eingreifende Person« gesehen werden, »die im Gegensatz zu den männlichen Prinzipienreitern imstande ist, ›sowohl – als auch‹ zu denken« (Müller-Salget, S. 265).

Obrist Kottwitz

Kottwitz ist der Typ des altgedienten, schlachterfahrenen preußischen Offiziers. Er ist dem Prinzen, seinem direkten Vorgesetzten, gegenüber loyal, vor allem aber seinem Kurfürsten, für den er sein Leben lassen würde. Dreimal spielt er eine wichtige Rolle: als er den Prinzen abhalten will, in die Schlacht einzugreifen (vgl. 471 f.), als er mit dem Kurfürsten über Homburgs Verhalten diskutiert (vgl. III,5), und schließlich ganz am Schluss, als er Homburgs Frage bestätigt, ob das Geschehen ein Traum sei (vgl. 1856).

Rollenverständnis

Kottwitz befindet sich in Übereinstimmung mit seiner Rolle als Untergebener und Soldat. Als der ungestüme Prinz ohne Befehl in die Schlacht eingreifen will, weist er ihn ausdrücklich auf die offizielle »Order« hin (472). Ohne Befehl eine solche Entscheidung zu treffen, passt nicht in sein Weltbild. Als ihn hierauf der Prinz indirekt der Feigheit bezichtigt, sieht sich der Oberst allerdings an seiner Ehre als mutiger Kämpfer gepackt, ist beleidigt und folgt ihm, als der Prinz die Verantwortung übernimmt (vgl. 496).

Kottwitz übergibt dem Kurfürsten im Namen der Offiziere die Bittschrift, in der sie sich für die Begnadigung des

Plädoyer für den Prinzen

Prinzen einsetzen. Wie vorher der Feldmarschall Dörfling, so argumentiert auch er vom Erfolg des Prinzen her. Er lässt sich nicht vom Argument des Kurfürsten beeindrucken, ohne das Eingreifen des Prinzen wäre ein vernichtender Sieg möglich gewesen. Gerade er, der den Prinzen davor gewarnt hat, ohne Befehl anzugreifen, hält jetzt ein Plädoyer für den notwendigen Ermessensspielraum eines Offiziers während einer Schlacht und das Handeln nach

Gefühl (vgl. 1570ff.). Kottwitz setzt Gesetz mit vaterländischem Gefühl gleich. Die »Empfindung« (1585) sei das höchste Gesetz, das das militärische Handeln bestimmen sollte, und nicht »kurzsichtge Staatskunst« (1584). Erstere allein motiviere die Soldaten zu ihrem Einsatz für das Vaterland.

Kottwitz behauptet, er hätte genauso gehandelt wie Homburg, auch wenn er sich vor einem Kriegsgericht hätte verantworten müssen (vgl. 1661ff.). Wegen seines vaterländischen Engagements habe Homburg die Begnadigung verdient.

Widersprüche

Diese Auffassung vom Gefühl als oberster Instanz steht im Widerspruch zu Kottwitz' bisherigem Verhalten. Der Kurfürst weist ihn darauf hin (vgl. 1528). Kottwitz hatte Homburg abgeraten, ohne Befehl in die Schlacht einzugreifen, und war darauf bedacht, dass die Bittschrift nicht als Ausdruck der Meuterei (vgl. 1263) angesehen wird. Er selbst hätte nie ohne Befehl des Kurfürsten seinen Standort verlassen.

Verhältnis zum Prinzen

Hinzu kommt, dass Kottwitz dem Prinzen einen Grund für den Angriff unterstellt, der nicht vorhanden war. Er sieht nicht, dass Homburg aus privaten Motiven eingreift. Dass er sich so verzweifelt für den Prinzen einsetzt, sich sogar mit ihm identifiziert, ist nur mit seinem persönlichen Verhältnis zu Homburg und seinem Bestreben zu erklären, ihn vor der Hinrichtung zu bewahren.

Nach den von ihm initiierten Heilrufen auf den Prinzen antwortet Kottwitz auf dessen Frage, ob das Geschehen ein »Traum« sei: »was sonst?« (1855). Aus dieser Bemerkung scheint der Autor zu sprechen, für den die Versöhnung des absoluten Herrschers mit seinem Volk unter

Vertreter einer Utopie

dem Aspekt einer gefühlten Gerechtigkeit noch ein Traum ist, eine Utopie. Kottwitz ist eine Gegenfigur zum egozentrischen Homburg. Er handelt in Übereinstimmung mit seiner Rolle als Untergebener und Soldat und gäbe sein Leben für Fürst und Vaterland. Ihm ist der Ausgleich zwischen Gesetz und Gefühl gelungen.

Graf Hohenzollern

Der Graf gehört der persönlichen Suite des Kurfürsten an, hat keinen militärischen Rang und ist ein vertrauter Freund des Prinzen. Seine Rolle ist etwas zwiespältig, besonders zu Beginn des Geschehens: Er führt den schlafenden Prinzen als Attraktion vor und regt den Kurfürsten zu dem zweifelhaften Spiel an. Er mokiert sich über den Schlafenden und sagt ihm nach seinem Erwachen nichts von dem Geschehen. Er lässt ihn über die Besitzerin des Handschuhs im Unklaren und verstärkt so seine Unaufmerksamkeit.

Zwiespältige Rolle

Andererseits beschwichtigt er den aufgebrachten Homburg, als dieser den Offizier im Order-Streit festnehmen will. Dann versucht er, dem Prinzen die Augen für den Ernst seiner Situation zu öffnen, als dieser sich im Gefängnis befindet. Schließlich weist er ihn darauf hin, dass ihn vielleicht die Kurfürstin retten könnte. Am Ende verteidigt er ihn vor dem Kurfürsten mit einer Beweiskette, die dessen Scherz die eigentliche Schuld an Homburgs Insubordination zuweist. Seinen eigenen Anteil am Geschehen verschweigt er.

Hohenzollerns »Beweis« (1624) beruht auf einer einfühlsamen Einschätzung von Homburgs seelischem Zu-

Psychologische Betrachtungsweise

stand. Er versucht, wie dies in der heutigen Zeit üblich ist, die Gründe für ein bestimmtes Handeln in der psychischen Verfassung des Handelnden selbst zu finden (vgl. Heine, S. 303), also in Homburgs Traumerlebnis. Wenn er nach den Voraussetzungen und Bedingungen fragt, also nach der Herleitung der Tat, so läuft das darauf hinaus, die Tat als durch Umstände bedingt herauszustellen, die man dem Täter nicht in Rechnung stellen kann (vgl. Greiner, S. 264). Hohenzollern stellt also die Verantwortung des Prinzen für seine Verfehlung in Frage und entlastet ihn auf diese Weise.

Der Kurfürst verlängert die Schuldkette weiter bis zu Hohenzollern selbst, um deren Unsinnigkeit zu beweisen. Aber der Graf behält das letzte Wort. Die schroffe Reaktion des Kurfürsten auf die Verteidigungsrede (vgl. 1714) lässt erkennen, dass sie auf ihn gewirkt hat.

4. Werkaufbau

Kleist nennt seinen Text im Untertitel »Ein Schauspiel«. Das ist ein entscheidender Hinweis auf seine Struktur und auf seinen Inhalt. Im weiteren Sinn ist »Schauspiel« der Oberbegriff für Trauerspiele (Tragödien) und Lustspiele (Komödien). Im engeren Sinn steht es der Tragödie nahe, weil es eine ernste, konfliktgeladene Handlung hat, der ein tragischer Ausgang drohen kann. Es kommt aber durch Einsicht des Helden zu einer friedlichen Lösung und zur Vermittlung der Gegensätze, wie dies in Kleists Drama der Fall ist.

Gattung

Zu den Merkmalen der klassischen Tragödie gehören bestimmte formale und inhaltliche Kriterien: die Annahme einer geordneten Welt, die Einheit von Raum, Zeit und Handlung, die höhere gesellschaftliche Stellung der Hauptpersonen (Ständeklausel), die Verwendung einer gehobenen Sprache und – seit Shakespeare – die Einteilung in fünf Akte, wobei jeder dieser Akte eine bestimmte Bedeutung für die Gesamtstruktur des Dramas hat. Man spricht deshalb auch von der geschlossenen Form des klassischen Dramas, der die offene Form des neueren Schauspiels gegenübersteht.

Klassisches Drama

Kleists Drama erfüllt weitgehend diese Kriterien. Im Mittelpunkt der Handlung stehen ein nicht befolgter Befehl, die Strafe dafür und schließlich die Aufhebung der Strafe durch eine Art Begnadigung. Es gibt keine Nebenhandlungen. Die Ereignisse werden alle in ihren Auswirkungen auf Homburg geschildert. Hauptsächlich für ihn scheint die Schlacht von Fehrbellin geschlagen zu werden, denn von einer massiven Bedrohung Brandenburgs ist wenig zu spüren. Das Geschehen spielt an zwei Tagen und zwei Orten: in den Schlössern und Gärten von Fehrbellin und Berlin sowie im Gefängnis von Fehrbellin. Die Hauptpersonen gehören durchweg der Schicht des höheren Adels an. Die Sprache ist höchst erlesen und vorwiegend in reimlose fünfhebige Jamben gefasst, dem seit Lessing üblichen »Blankvers«.

Ort und Zeit

Das herkömmliche fünfstufige, pyramidenförmige Schema des Dramenaufbaus in seiner geschlossenen Form kann auf Kleists Schauspiel angewendet werden. Der erste Akt (Exposition) enthält die Vorstellung der Personen und die Grundlage des Konflikts, die Befangenheit des Prinzen in seiner Traumwelt im Gegensatz zu seiner militärischen Aufgabe.

Aufbau des Dramas

Im zweiten Akt (steigende Handlung) erfolgt die Verwicklung. Folge von Homburgs Befangenheit ist sein Eingreifen in die Schlacht ohne Befehl, seine Insubordination. Sie ist das wichtigste erregende Moment der steigenden Handlung. Andere spannungssteigernde Ereignisse sind die Falschmeldung vom Tod des Kurfürsten und ihre Berichtigung, die Verlobung Homburgs mit Natalie und seine Verhaftung.

Der dritte Akt (Höhepunkt) ist der kürzeste Akt und stellt die Todesfurcht des Prinzen dar. Sein dadurch bedingtes Verhalten ist der Höhepunkt des dramatischen Geschehens: Der siegreiche Held erniedrigt sich zutiefst und fleht nur noch um sein Leben.

Im vierten Akt stellen die bedingte Begnadigung des Prinzen durch den Kurfürsten und Homburgs Weigerung, diese anzunehmen, retardierende Momente in der fallenden

Handlung dar, da sie die Lösung des Konflikts verzögern. Der Brief des Kurfürsten stellt eine Art Wendepunkt dar, denn er leitet den Umschwung ein.

Die Verzögerung setzt sich im fünften Akt fort (Lösung des Konflikts): Rebellion scheint zu drohen, die Offiziere überreichen Bittschriften und diskutieren mit dem Kurfürsten. Erst nach diesen Verzögerungen, zu denen auch der Brief des Prinzen gehört, kann die Lösung erfolgen: die Begnadigung des Prinzen, der seine Todesstrafe akzeptiert.

Ergänzt wird dieser klassische Aufbau des Dramas durch eine Symmetrie der Anfangs- und Schlussszenen, was Ort und Stimmung angeht. Beide Szenen spielen im Garten vor dem Schloss zu Fehrbellin. Die Symmetrie erstreckt sich nicht nur auf die Randszenen in I und V, sondern die beiden Akte sind im Ganzen symmetrisch gestaltet. Auch der dritte und vierte Akt sind im Verhältnis zueinander spiegelbildlich angelegt (vgl. Schmidt, S. 178).

Symmetrie

Aber äußere Form und innere Handlung korrespondieren nicht immer, der traumhafte Beginn steht innerlich im Gegensatz zum realistischen, ja aggressiven Schluss. Die äußere Gestalt des Stückes ist deshalb kein Hinweis auf dessen innere Struktur. Kleist muss seine Helden in Situationen stellen, in denen sich ihr Wesen offenbart. Insgesamt umfasst das Drama ungefähr 40 Auftritte, in denen dieses möglich ist. Trotz des vielfältigen Geschehens bleiben aber wesentliche Vorgänge oft verborgen oder werden nur angedeutet. So bleibt die innere Wandlung Homburgs im vierten Akt weitgehend unerklärt. Auch die Deutung der Reaktion des Kurfürsten, nachdem er erfahren hat, dass Natalie eigenmächtig Kottwitz herbeordert hat, bleibt dem Zu-

Leerstellen

schauer bzw. Leser überlassen, gleichfalls des Kurfürsten Reaktion auf die Rede Hohenzollerns. Ebenso wenig sind die Motive des Kurfürsten für sein Verhalten Homburg gegenüber und sein Verhältnis zu Natalie eindeutig geklärt.

Werkaufbau: Übersicht

Akt/ Szene	Inhalt	Thema	Funktion
I, 1–4	Traum des Prinzen von Liebe und Ruhm	Situation vor der Schlacht, Verhalten Homburgs	Exposition, sich anbahnende Konflikte
5–6	Unaufmerksamkeit Homburgs bei Ausgabe des Schlachtplans		
II, 1–2	Eingreifen in die Schlacht ohne Befehl	Insubordination, Sieg in der Schlacht und Verhaftung	Steigende Handlung, erregende Momente
3–8	Erfolg in der Schlacht, vermeintlicher Tod des Kurfürsten		
9–10	Verhaftung Homburgs		
III, 1–2	Homburg im Gefängnis	Zusammenbruch und Todesfurcht des Prinzen	Höhepunkt
3–5	Verzweiflung, Homburg bei der Kurfürstin		
IV, 1	Natalie bittet den Kurfürsten um Homburgs Leben, bedingte Begnadigung	Die Entscheidung des Prinzen	fallende Handlung, retardierende Momente
2	Natalies Taktik, gefälschte Order		
3–4	Ablehnung der Begnadigung durch Homburg, Anerkennung seiner Schuld		Wendepunkt?
V, 1–4	Rebellion? Brief des Prinzen	Todeswunsch und Begnadigung des Prinzen	Lösung des Konflikts, Versöhnung
5	Diskussion der Offiziere mit dem Kurfürsten, Rechtfertigung von Homburgs Verhalten		
6–8	Neue Haltung Homburgs, Todeswunsch		
9–11	Begnadigung des Prinzen, Erfüllung seines Traums		

5. Wort- und Sacherläuterungen

Ausführliche Wort- und Sacherläuterungen finden sich in Klaus Kanzog, *Heinrich von Kleist, »Prinz Friedrich von Homburg«*, Stuttgart 1977, S. 162–194.

Gut erreichbar sind die Erläuterungen in der Reclam-Ausgabe von Kleists *Prinz Friedrich von Homburg* von Bernd Hamacher, Stuttgart 2001, S. 99–111, sowie vor allem in Bernd Hamachers *Erläuterungen und Dokumente* zu Heinrich von Kleist, *Prinz Friedrich von Homburg*, Stuttgart 1999, S. 5–69.

Folgende Hinweise lehnen sich an diese Erläuterungen an und gehen deshalb nur auf die wichtigsten Begriffe ein.

(S. 3) Das Widmungsgedicht findet sich nur im »Widmungsexemplar« des Schauspiels, nicht im Erstdruck.
Barde: urspr. keltischer Hofdichter des Mittelalters. Vereinte als vaterländischer Sänger Poetisches und Soldatisches.

(S. 4) **Friedrich Wilhelm, Kurfürst von Brandenburg:** Der Große Kurfürst (1620–88), das historische Vorbild für die Figur, regierte ab 1640 und verbündete sich 1672 mit den Niederlanden gegen den französischen König Ludwig XIV. 1675 besetzten die mit Frankreich verbündeten Schweden die Mark Brandenburg, wurden aber in der Schlacht von Fehrbellin 1675 vom Großen Kurfürsten geschlagen.
Die Kurfürstin: Der Vorname Elisa (233) verweist auf Friedrich Wilhelms erste Frau, die allerdings schon 1667 starb.

Prinzessin Natalie von Oranien: erfundene Figur. Verweis auf die enge Verbindung des niederländischen Hauses Oranien mit dem Kurfürsten. Der militärische Rang ist ein Ehrenamt, wie es zu dieser Zeit nur die 1810 verstorbene Königin Luise innehatte, die Kleist sehr verehrte.

Feldmarschall Dörfling: Hinweis auf den Generalfeldmarschall Georg Derfflinger (1606–95), der die Reiterei Friedrich Wilhelms aufbaute.

Prinz Friedrich Arthur von Homburg: Der historische Friedrich von Homburg (1633–1708) war Landgraf von Hessen–Homburg, diente unter Karl X. im schwedischen Heer und kämpfte auch gegen den Kurfürsten von Brandenburg. Nach seinem Ausscheiden aus schwedischen Diensten heiratete er eine Nichte des Großen Kurfürsten. 1670 trat er als General der Kavallerie in die brandenburgische Armee ein und spielte eine wichtige Rolle in der Schlacht von Fehrbellin (1672), wo er den Kampf eröffnete.

Oberst Kottwitz: Der Name stammt von dem Führer eines Dragonerregiments bei der Schlacht von Fehrbellin.

Graf Hohenzollern: Ein Graf gleichen Namens kämpfte als General im Krieg gegen Napoleon

(S. 5) **Fehrbellin:** gut 50 km nordwestlich von Berlin gelegene kleine Stadt in der Mark Brandenburg. Schloss und Münster sind erfunden.

Im altfranzösischen Stil: geometrisch angelegte barocke französische Gärten aus der Zeit vor der Revolution.

1 **Vetter:** Sammelbezeichnung für alle männlichen Verwandten, ehrende Anrede unter Fürsten.

9 **Rhyn:** Nebenfluss der Havel.

10 **Hackelberge:** Hakelberg, in der Nähe von Fehrbellin

gelegenes Dorf. Ansonsten ist die Geografie des Schlachtfeldes fiktiv.

11 **Schwadronen:** Abteilungen der Reiterei.

43 **Flecken:** kleine Ortschaft, gemeint ist Fehrbellin.

45 **Demant:** (poet.) Diamant.

(vor 65) **Halskette:** Amtskette des Herrschers.

75 **Gefild:** (poet.) Feld.

98 **Mamelucken:** ursprünglich Leibwache bei ägyptischen Sultanen, später die Reiterei der herrschenden Klasse Ägyptens.

100 **Oberst:** hier: Oberbefehlshaber.

136 **Parole:** Losungs- und Erkennungswort; hier: Einweisung in den Schlachtplan.

166 **Preußen:** Gemeint ist das Herzogtum Preußen, das 1618 an Brandenburg gefallen war.

178 **Duft:** hier: Dunst, feuchter Dampf.

(vor 219) **Kollet:** ledernes Halsstück an Rüstung und Kleidung.

221 **Vortrab:** berittene Vorhut.

235 **Kalkhuns:** Johann Friedrich Kalkhuhn war Erzieher des späteren Kurfürsten. War nicht Kanzler.

248 **Plan der Schlacht:** von Kleist erfunden.

249 **Durchlaucht:** seit dem 16. Jh. üblicher Fürstentitel.

251 **Brückenkopf:** Festungswerk, das eine Brücke beschützt.

274 **Rathenow:** südwestlich von Fehrbellin gelegen.

309 **Trift:** hier: sumpfige Niederung vor dem Fluss.

313 **Fanfare blasen lassen:** Signal zum Angriff geben.

350 **regier dich wohl:** beherrsche dich.

372 **Strauß:** Kampf, Streit.

395 **Hintertrab:** Nachhut.

508 **Die Mark:** die Mark Brandenburg.

530 **Feldredoute:** kleine Verschanzung.

579 **Welt von Feinden:** Gemeint ist das Frankreich Ludwigs XIV.

582 **Ein Engel […] Flammenschwert:** Nach 1. Mose 3,24 bewachten Engel mit flammenden Schwertern das Paradies.

585 **Die Marken:** Teilgebiete der Mark Brandenburg.

599 **verwaist:** Zu Kleists Zeit gab es keine Rechtsgleichheit zwischen Mann und Frau. Natalie braucht daher einen Vormund.

639–77 **O lasst […] von ihm:** Die Legende von Frobens Opfertod galt schon zu Kleists Zeiten als widerlegt.

648 **Kartätschen:** mit Kugeln und Nägeln gefüllte Patronen, die aus großen Kanonen geschossen wurden.

664 **entsitzt:** sitzt (vom Pferd) ab.

689 **Graf Horn:** unhistorische Figur.

694 **leicht:** vielleicht.

713 f. **O Cäsar:** Der römische Dichter Vergil führt in einem seiner Hirtengedichte den »Stern Cäsars« ein, einen zwei Jahre nach dessen Tod erscheinenden Kometen, der als Zeichen seiner Vergöttlichung galt.

(vor 715) **Katafalk:** Sockel für die Aufbahrung bei Totenfeiern.

737 **Kriegsrecht:** Kriegsgericht.

756 **Gustav Adolf:** schwedischer König, Gegner Wallensteins, gefallen in der Schlacht bei Lützen 1632.

757 **Per aspera ad astra:** (lat.) auf beschwerlichem Weg [gelangt man] zu den Sternen.

777–79 **Mein Vetter […] sitzen:** Lucius Iunius Brutus (gest. 509 v. Chr.), angeblicher Gründer der Republik, ließ seine beiden Söhne hinrichten, weil sie an einer antirepublikanischen Verschwörung beteiligt waren.

779 **kurulschen Stuhl:** Amtssessel der höheren Beamten im alten Rom.

781 **Kriegsartikel:** Kriegsgesetze.

806 **Battrieen:** schwere Kanonen oder Geschütze.

807 **Tedeum:** altkirchlicher Lobgesang.

853 **den Eulen gleich:** Seit der Antike gilt die Eule als Unglücks- und Todesbote.

874 **Auf eines Tuches Wink:** Zeichen des Feuerbefehls für das Erschießungskommando.

888 **die Schrift:** das Gerichtsprotokoll.

902 **weiß … brennt:** unschuldig … erscheinen lässt. Die folgenden Beispiele sollen beweisen, dass militärischer Ruhm nicht nach moralischen Prinzipien fragt.
Dei von Algier: arabischer Militärdiktator aus dem Geschlecht der Janitscharen. Ihre Herrschaft über Nordafrika dauerte bis 1830.

904 **Sardanapel:** griechischer Name für den assyrischen König Assurbanipal (7. Jh. v. Chr.). Die Assyrer waren wegen ihrer brutalen Unterwerfungspolitik gefürchtet.

905 **altrömische Tyrannenreihe:** die wegen ihrer Grausamkeit berüchtigten römischen Kaiser wie Caligula (37–41 n. Chr.) oder Nero (54–68 n. Chr.).

907 **Auf Gottes rechter Seit:** Nach biblischer Tradition wird beim Jüngsten Gericht den Unschuldigen Gottes rechte Seite zugewiesen.

917–19 **Graf Horn:** erfundene Episode. Anspielung auf Napoleons Heirat mit der österreichischen Kaisertochter Marie Luise.

936 **König Karl:** Karl X. Gustav, König von Schweden. Er heiratete 1680.

997 **schwarze Schatten:** In der Unterwelt des griechischen Mythos leben die Toten als wesenlose Schatten.

1001 **Kassation:** hier: unehrenhafte Entlassung aus dem Militärdienst.

1079 **Erfolg:** die Folgen, der Ausgang.

1099 **um die Mutter:** der Mutter zuliebe.

1132 **eine feste Burg:** Choral Martin Luthers.

1173 **Leun:** (poet.) Löwe.

1215 **Supplik:** Bittschrift an Höhergestellte.

1224 **zugefertigt:** zugeschickt.

1245 **Arnstein:** Ort außerhalb der Mark Brandenburg.
kantoniert: einquartiert ist.

1257 **Subskription:** Unterschriftensammlung.

1274 **Portefeuille:** Brieftasche.

1286 **Derwisch:** moslemischer Bettelmönch.

1287 **Spannen:** Längenmaß (etwa 20 Zentimeter).

1274 **Portefeuille:** Brieftasche.

1293 **eine Sonne:** Anspielung auf die Vorstellung des Elysiums in Vergils *Aeneis*.

1331 **Petschaft:** Handstempel zum Siegeln.

1365 **dir Versenktem:** nach deinem Begräbnis.

1377 **am zwölften:** unhistorisches Datum. Die Schlacht fand am 18. Juni 1675 statt.

1414 **seidne Schnur:** Mittel zum Selbstmord.

1416 **Haubitzen:** große Geschütze mit kurzem Rohr.

1417 **Priegnitz:** brandenburgische Provinz.

1451 **Drost:** (niederdt.) Landrat.

1455 **Stiefel:** Der schwedische König Karl XII. (1697–1718) soll aus der Türkei seinen Reichsräten geantwortet haben, er werde seine Stiefel zum Regieren schicken.

1477 **Schweizer:** Mietsoldaten aus der Schweiz, Türsteher in vornehmen Häusern.

1479 **Prittwitz:** bekanntes preußisches Adelsgeschlecht.

1507 **ausgemittelt:** ausfindig gemacht.

1515 **peinlich:** auf Leib und Leben.

1533 **wirkten sie Sukkurs:** brachten sie Unterstützung hervor.

1567 **von der Bank fällt:** »Bankert« bezeichnet ein uneheliches Kind.

1597 **Brächst […] Stab:** sprächst […] das unabänderliche Todesurteil.

1601 **Schelm:** hier: ehrloser Mensch.

1680 **frommer:** rechtschaffener.

1695 **Empfindung:** äußere Wahrnehmung durch die Sinne.

1720 **Die delphsche Weisheit:** die nach Belieben auszulegende Weisheit (nach der sprichwörtlichen Zweideutigkeit der Weissagungen der Apollopriesterin Pythia im griechischen Orakel zu Delphi).

1783 **Kettenkugeln:** mit einer Kette verbundene Kanonenkugeln.

1787 **Missglück:** Unglück.

1793 **Gefild:** (poet.) Feld.

1821 **gekränkt:** beeinträchtigt.

6. Interpretation

Herrschaft, Gesetz und Gnade

Die Begriffe »Gesetz« (734), »Kriegsgesetz« (1129), »Satzung« (774) und »märkische Artikel« (781) werden von Kleist synonym gebraucht (vgl. Just, S. 86 ff.) und bedeuten die positive Rechtsnorm. Den Oberbegriff für alle Militärstrafrechtsnormen bildet das Kriegsrecht. Die im Schauspiel gültige militärische Strafrechtsnorm könnte heißen: »Wer, ob General oder einfacher Soldat, in Kriegszeiten einem ordnungsgemäß bekannt gegebenen Befehl eines militärischen Vorgesetzten nicht Folge leistet, wird mit dem Tode bestraft. Die Strafe ist durch Erschießen zu vollstrecken« (Just, S. 87).

Kriegsrecht und Gesetz

Nach der Ansicht des Kurfürsten wird die Zukunft des Staates allein durch die Einhaltung der (Kriegs-)Gesetze gewährleistet (vgl. 729 ff.). Dabei dient die Todesstrafe einmal als Vergeltung, denn Insubordination gefährdet die staatliche Ordnung und muss deshalb gesühnt werden. Hauptsächlich aber dient sie zur Abschreckung.

Das Preußische Allgemeine Landrecht, nach dem sich Kleist richtet, regelt sowohl die Verurteilung als auch die mögliche Begnadigung durch den Landesherrn. Das Urteil muss zunächst vom Kurfürsten bestätigt werden, indem er es unterschreibt, doch es enthält einen Begnadigungsvorbehalt (vgl. 883 f.). Eine Begnadigung kommt dadurch zustande, dass der Kurfürst, wenn er das Urteil bestätigen will, es zwar unterschreibt, also rechtskräftig werden lässt, dass er danach aber von seinem Begnadigungsrecht Gebrauch macht (vgl. Schmon, S. 92). Wenn er es nicht bestätigen will, unterschreibt er nicht, es existiert dann praktisch nicht.

Haltung Homburgs

Homburg erkennt das Gesetz an und stellt die formale Richtigkeit des Urteils nicht infrage. Aber er geht davon aus, dass der Kurfürst ihn nach der Verurteilung durch das Gericht begnadigen werde (vgl. 869 ff.): Er habe deutlich gemacht, dass man Gesetze einhalten müsse, und das müsse genügen. Homburg will, dass nach der Einhaltung der, wie er es sieht, Formalitäten die Entscheidung des Herrschers zu seinen Gunsten erfolgt, also mit Ansehen der Person.

Er ist sich anfangs der Begnadigung so sicher, als ob er einen Anspruch darauf hätte, und zwar aus persönlichen Gründen. Der Kurfürst habe ihm bewiesen, dass er ihn wie einen Sohn achte. Außerdem kann er sich nicht vorstellen, dass ein »Sieger in der Schlacht« verurteilt werden könnte.

Sicht des Kurfürsten

Aus der Sicht des Kurfürsten kann aber der Erfolg in der Schlacht befehlswidriges Verhalten nicht entschuldigen. Entscheidend ist für ihn, dass der Sieg nicht gemäß dem Schlachtplan, sondern durch Zufall errungen wurde (vgl. 1566). Hinzu kommt, dass er einen vernichtenden Sieg über die Schweden erringen wollte (vgl. 1545 f.), der durch das voreilige Eingreifen Homburgs nicht zustande kam.

Homburg sieht zuerst nicht die freiwillige Gebundenheit des Kurfürsten an das Gesetz. Er kann deshalb auch die Berechtigung seiner Verhaftung nicht erkennen. Für ihn ist deshalb der Kurfürst ein römischer Tyrann, der seinen »Sohn« ausschalten will, vielleicht als Rivalen. Er sieht nicht die gesetzliche Realität, wonach Insubordination mit dem

Tode bestraft wird. Einziges Motiv war für ihn der Wunsch, das im Traum verheißene Glück zu erreichen. Seine Aussagen in der Todesfurchtszene lassen erkennen, dass er davon Abstand nimmt und eine gnadenweise Umwandlung der Todesstrafe in eine andere Strafe will. Es geht ihm nur noch um die nackte Existenz ohne Ehre und Ruhm.

Natalie begründet ihre Bitte um Homburgs Begnadigung mit der Geringfügigkeit des Delikts (vgl. 1095). Der Kurfürst akzeptiert aber diese Begründung nicht und beruft sich auf seine Verantwortung für das Vaterland (vgl. 1117). Er fühlt sich dem Staatswohl und der Geltung der Gesetze verpflichtet, weil sie allein Rechtssicherheit bewirken.

Sinn der bedingten Begnadigung

Doch trotz dieser grundsätzlichen Erwägungen begnadigt der Kurfürst den Prinzen, nachdem er von dessen Verzweiflung erfahren hat. Er will das Verständnis des Prinzen für die Rechtmäßigkeit der Verhaftung und des Todesurteils dadurch erreichen, dass er ihn zwingt, über seine Tat und seine Schuld in einer neuen Rolle nachzudenken. Sein bedingtes Begnadigungsschreiben appelliert an Homburgs rechtliche Urteilskraft und bewirkt tatsächlich eine Änderung von dessen Einstellung. Homburg ist am Ende erst durch seine Bereitschaft, für die Geltung und Einhaltung der Gesetze zu sterben, der Gnade würdig geworden.

Dem Prinzen wird erst allmählich bewusst, was es bedeutet, dass er selbst entscheiden soll. Seine Antwort an den Kurfürsten wird nicht wörtlich bekannt, es kann aber aus den Ereignissen geschlossen werden, dass er nicht der Meinung ist, ihm sei Unrecht geschehen, sondern erkannt hat, dass er Schuld trage. Das bedeutet, dass er einen würdigen Tod einem unwürdigen Leben vorzieht.

Angemessenheit des Urteils

Homburg selbst verteidigt schließlich die Angemessenheit des Todesurteils im Kreis des Kurfürsten und seiner Offiziere. Er hat sich verändert und glaubt jetzt, Ruhm und Anerkennung in der Überwindung seiner Selbstsucht und Ruhmsucht, seines inneren Feindes zu finden (vgl. 1749 ff.). Er hat erkannt, dass die Insubordination eine Folge dieses unsozialen Verhaltens war. Jetzt kann ihm die würdige Begnadigung durch den Kurfürsten zukommen.

Stellung des Kurfürsten

Kleist hat die Figur des Kurfürsten nach dem Modell aufgeklärt-absolutistischer Herrscher gestaltet. An keiner Stelle kommt zum Ausdruck, dass er in seiner Herrschergewalt begrenzt wäre. Als absoluter Herrscher ist er oberster Gerichtsherr. Fast jeder setzt sich bei ihm für den Prinzen ein, aber er kann sich entscheiden, wie er will, und diese Entscheidungsbefugnis wird nicht in Frage gestellt.

Kleist verleiht ihm jedoch aufgeklärte Züge. Der Kurfürst verknüpft den Gedanken der Gesetzesherrschaft immer mit der Abneigung gegen einen Machtspruch. Er will den bestrafen, der sich nicht nach der Order gerichtet hat (vgl. 715), ohne Ansehen der Person. Allerdings hält er sein Prinzip der Rechtsgleichheit nicht durch. Als er dem Prinzen die Entscheidung über die Angemessenheit des Urteils überträgt, handelt er mit Ansehen der Person. Wenn er im Gespräch mit Natalie den Prinzen auffordert, dem Gesetz gemäß zu entscheiden, dann will er das Prinzip der Gesetzesherrschaft aufrechterhalten, ohne es aber zu verabsolutieren (vgl. Schmon, S. 121). Damit ändert er sein Verhalten und verzichtet auf seine Stellung als unumschränkter Herrscher.

Grund für Begnadigung

Nachdem der Prinz die Opposition von Staatsinteresse und Privatleben im Sinne der Gültigkeit des Gesetzes für sich gelöst hat, kann der Kurfürst das Todesurteil zerreißen. Er führt aber die Begnadigung erst dann durch, als er sich des Einverständnisses seiner Offiziere versichert hat, denn sie sind ebenso zuständig für das »heilige Gesetz des Krieges« (vgl. Thorwart, S. 270).

Kleist propagiert ein Herrschaftsideal für eine innere Erneuerung Preußens, das auf persönliche Beziehungen gegründet und mit dem Prinzip der Gesetzesherrschaft versöhnt ist, eine Art humanen Absolutismus, in dem sowohl der Einzelne als auch der Herrscher zu ihrem Recht kommen (vgl. Schmon, S. 179).

Traum und Wirklichkeit

Vergleich der Traumszenen

Das Gesamtgeschehen des Dramas spiegelt sich im Vergleich der beiden Traumszenen im Garten am Anfang und am Schluss. Beide Szenen spielen in der Nacht und sind in eine tief romantische Atmosphäre getaucht, die sich im zentralen Motiv des Traums verdichtet, welches das gesamte Geschehen überspannt.

Der wichtigste Unterschied betrifft den Wirklichkeitsgehalt der Szenen. In der Anfangsszene antizipiert der Traum ein von Liebe und Ruhm erfülltes Dasein des Prinzen. Am Schluss entfaltet Kleist intensive Todesromantik. Der Prinz erlebt »den Tod antizipatorisch als rauschhafte Entwirklichung und Entgrenzung« (Schmidt, S. 176). Traum und Sehnsucht nach Unsterblichkeit tragen ihn über die Realität hinaus. Es wiederholt sich aber nicht ganz der Vorgang der ersten Szene: Der Kurfürst schlingt seine goldene Kette um den Lorbeerkranz, aber Natalie setzt ihn diesmal dem Prinzen auf.

Am Anfang bleibt das Spiel ein Scherz, der der Unterhaltung dient. Am Schluss soll es den Prinzen in der Realität erhöhen. Am Anfang wird der Träumer vom Kurfürsten zuerst zum Experimentierobjekt gemacht, dann schroff ins »Nichts« (74) geschickt. Die Traumvision hat hier eine negative Wendung: Der Kurfürst tadelt die Traumphantasien seines Reitergenerals und verweist ihn auf die Realität, in der allein der Wunschtraum sich erfüllen kann. Er beachtet nicht, dass sein Spiel für den Träumer real ist und Folgen für dessen Verhalten und Verhältnis zur Realität hat.

Am Schluss wird Homburgs Traum Wirklichkeit: Er gewinnt Natalie zur Braut und wird als Sieger gefeiert (vgl. 1851 ff.). Die Erfüllung seiner Wünsche kommt für den Prinzen so überraschend, dass er sie nur als Traum begreifen kann. Ein »Wandel von Traum zu (traumhafter) Wirklichkeit« hat stattgefunden (Nehring, S. 154).

Der Handschuh und seine Folgen

Der Handschuh ist das Bindeglied zwischen Homburgs Traum und der Wirklichkeit und verbürgt so die Wahrheit des Geträumten. Er ist »die Objektivierung seiner Traumversion im verdinglichten Zeichen« (Heine, S. 296). Homburg entdeckt als Besitzerin jene Natalie, die er im Traum zuvor schon als seine »Braut« (65) bezeichnet hat. Der Traum scheint sich zu realisieren, und die Wirklichkeit nimmt bei der Befehlsausgabe traumhafte Züge an. Deshalb greift er ohne Order in die Schlacht ein und setzt sich über den Befehl hinweg. Das bedeutet die Wandlung vom unwillkürlichen Gefühl zur Willkür. Dem Prinzen sind seine persönlichen Wünsche wichtiger als die Probleme des Landes.

Bei seiner Verhaftung zeigt er sich immer noch blind für die Wirklichkeit, für überpersönliche Gesetze. Er reagiert mit ungläubigem Staunen: »Träum ich? Wach ich? Leb ich? Bin ich bei Sinnen?« (765). Er schien nach der Schlacht seinen beiden Traumzielen, dem Ruhm und Natalies Liebe, sehr nahe und kann nicht begreifen, dass sie hinfällig sind.

Der Tiefpunkt von Homburgs Traumverfallenheit wird beim Anblick seines Grabes erreicht. Ihm wird deutlich: Wonach er bisher strebte und was er fühlte, war Illusion, Nichtigkeit, Traum.

Annahme der Realität

Mit der Annahme seiner Rolle als Richter in eigener Sache beginnt Homburgs Akzeptanz der Realität. Er erkennt seine Schuld und baut seine Persönlichkeit auf realitätsbezogener Grundlage wieder auf. Im Schlussbild ist sein Wunschtraum Wirklichkeit geworden, und zwar durch den Kurfürsten, der die Realisierung anfangs zu verhindern schien. Das Traumgeschehen, das zu Anfang des Dramas durch den Rückzug des Kurfürsten und seines Gefolges ein überstürztes Ende fand, wird jetzt erfüllt.

Versöhnung mit der Gemeinschaft

Der Prinz versöhnt sich mit der Gemeinschaft, indem er ihre Normen anerkennt. Für die von ihm geleistete Selbstüberwindung und Normbestätigung sind Siegeskranz und Kette Belohnung (vgl. Kanzog [1981], S. 158).

Aber die Erhöhung Homburgs durch die Gemeinschaft gleicht mehr einem Wunschtraum als der Realität. Auf seine erstaunte Frage, ob das Geschehen ein »Traum« sei, antwortet der realistische Kottwitz: »Ein Traum, was sonst?« (1856). Durch diese Antwort gewinnt der »Traum« die

Qualität einer Utopie, nämlich der Versöhnung von Individuum und Gesellschaft. Homburg ist es nun gelungen, seinen ursprünglichen Traum von Ruhm und Ehre so umzudeuten, dass er mit dem Traum der Gemeinschaft vom Sieg über die Feinde Brandenburgs zusammenfällt.

Die Entwicklung des Prinzen

Zwischen der Reaktion auf seine Gefangennahme und der Ablehnung seiner Begnadigung macht der Prinz eine Entwicklung durch, die ihn bis an die Grenzen seiner Existenz führt. Sie verläuft von subjektiver Traumerfüllung im ersten Traumspiel über Desillusionierung in der Todesfurchtszene zur Anerkennung der Realität als Grundlage der objektiven Traumerfüllung in einem zweiten Traumspiel am Schluss. Zuerst war sein Realitätsbewusstsein wegen seiner Traumbefangenheit völlig »verlöscht« (1696), jetzt erscheint ihm die mögliche Begnadigung wie ein »Traum« (1305), weil er die tödlichen Konsequenzen seiner Verfehlung akzeptiert. In Fortsetzung und Umkehrung des ersten Traumspiels wird Homburg die Erfüllung seines Traums gewährt, und das Recht des Träumers wird auch vom Kurfürsten anerkannt (vgl. Heine, S. 309).

Der Prinz als Marionette?

Die Problematik von Vernunft und Gesetz einerseits und Traum und Gefühl andererseits in Kleists Drama verweist auf seinen Essay *Über das Marionettentheater*, der um 1810 in den *Berliner Abendblättern* erschien, also etwa zur gleichen Zeit entstand wie sein Schauspiel. In diesem Text variiert und illustriert Kleist sein Grundthema, nämlich die

Frage, ob Gefühl oder Verstand den Menschen in seinem Verhalten steuert.

Der Erzähler erinnert sich an eine merkwürdige Begegnung im Winter 1801 mit einem wegen seiner Anmut bewunderten Tänzer, den er bei einem Besuch eines Marionettentheaters gesehen und mit dem er gesprochen hat. Dieser schildert ihm, wie sehr er die »natürliche Grazie« der Bewegungen der Puppen bewundert und welche Lehre er daraus zieht: Es gebe eine natürliche Anmut aus einem inneren Schwerpunkt heraus, die sich in völliger Abwesenheit des Bewusstseins zeige. Davon könne ein Tänzer lernen.

Natürliche Anmut

Die Gesprächspartner gehen von Beispielen aus dem menschlichen Bereich aus und stellen die These auf, dass entweder die völlige Abwesenheit von Bewusstsein wie bei der Marionette oder aber das Gegenteil, ein vollständiges Bewusstsein wie bei einem Gott das gewünschte natürliche Verhalten erzeugt. Vollendete Anmut, Grazie und Natürlichkeit besitze demnach jemand, der sich entweder völlig unbefangen und unbewusst wie ein Kind verhält oder aber sein Verhalten vollkommen rational kontrollieren kann.

Dreistufige Entwicklung

Kleist entwirft in diesem Dialog eine dreistufige Entwicklung. Die erste Stufe schildert einen paradiesischen Zustand, eine vor- und unbewusste Übereinstimmung des Menschen mit sich selbst. Die zweite Stufe der Entwicklung ist durch Erkenntnis, Reflexion und Bewusstsein geprägt, was zur verwirrenden Störung ursprünglicher Anmut und Grazie führt und den Menschen mit sich selbst entzweit.

Durch neue Erkenntnis besteht dann die Möglichkeit auf

der dritten Entwicklungsstufe, den inneren Zwiespalt zu überwinden und zu einer höheren Einheit des Bewusstseins zu gelangen. »Die Paradoxie beruht darin, daß sich die Grazie durch ›Erkenntnis‹ wiedereinstellen kann, obschon die Erkenntnis ihren Verlust bewirkte« (Müller-Seidel, S. 405).

Oft werden Gemeinsamkeiten zwischen beiden Texten gesehen: »Der scheinbar irreale Gehalt des ›Marionettentheaters‹ wird in dem Bühnenwerk lebendige Gestalt. Das isolierte Geschehen des Dramas gewinnt durch die Beziehung auf den Essay philosophisch allgemeinere Bedeutung« (Nehring, S. 165).

Stufen von Homburgs Entwicklung

Folgt man dieser Ansicht, dann befindet sich der Prinz zu Beginn des Geschehens in einem der Marionette vergleichbaren subjektiven und unbewussten Zustand. Seine Worte und Gesten resultieren aus seinem Unbewussten. Gefühlsmäßig ist er sich seines Daseins sicher. Was Hohenzollern als »Unart seines Geistes« (39) bezeichnet, erscheint als ein Handeln aus eigenem Schwerpunkt heraus. Diese Gefühlssicherheit drückt sich darin aus, dass er der »Order des Herzens« in der Schlacht trotz der Widerstände folgt.

Die zweite Stufe von Homburgs Entwicklung ist durch den Einbruch der Realität gekennzeichnet. Er muss Normen wie das Kriegsgesetz zur Kenntnis nehmen und erkennen, dass Normverstöße existenzielle Folgen haben. Er verliert Grazie und Unmittelbarkeit, ist »verwirrt« (318) und verliert zunehmend seinen inneren Schwerpunkt. Sein Aufbegehren bei seiner Gefangennahme gegenüber dem Kurfürsten ist Ausdruck der inneren Störung seines Gleichgewichts. Sein neuer Zustand zeigt sich im schnellen Zusammenbruch seiner Gefühlssicherheit, als er von Hohenzollern hört, dass er vielleicht die politischen Heiratspläne des Kurfürsten mit Natalie stört, und besonders dann, als er als Preis für seine Begnadigung auf Natalie verzichtet. Beim Anblick des Grabes bricht sein übersteigerter Subjektivismus völlig zusammen.

Die dritte Stufe seiner Entwicklung erreicht er, als er aus seinem Todesrausch durch die Begnadigung am Schluss herausgerissen und durch den Kanonendonner gewaltsam in die Realität zurückgerufen wird. Seine Frage, ob das Geschehen ein Traum sei, und Kottwitz' Antwort darauf (vgl. 1855) verweisen auf den utopischen Charakter des neuen Schwerpunktes, der »nicht der der Marionette, sondern der des Gottes« ist (Nehring, S. 181).

Grenzen der Übertragbarkeit

Man kann den Aufsatz als einen Schlüssel zum Verständnis des Dramas sehen. Aber eine genaue inhaltliche Übertragung des im Aufsatz enthaltenen Modells auf Kleists Drama ist nicht möglich, besonders nicht auf der letzten Stufe, schon wegen der Unterschiede in der Intention beider Texte. Es können nur strukturelle Ähnlichkeiten aufgezeigt werden.

Sprache und Stil

Kleists Sprache ist pathetisch und bedient sich durchgehend einer erlesenen und zum Teil exotischen Bildlichkeit. So beginnt er sein Schauspiel mit einem äußerst komplexen Satz, der über zehn Zeilen reicht und die Frage nach dem Verbleib des Prinzen als Inhalt hat (1–10; vgl. auch 659 ff.). Die ständigen Einschübe und Unterbrechungen geben einmal in knapper Form die Vorgeschichte an, vor allem aber erzeugen sie Dynamik. Die Spannungskurve staut sich (vgl. 5) und löst sich dann in der Frage der letzten Zeile auf. Die Folgeerzählung Homburgs ist ähnlich strukturiert, und das gesamte Drama gewinnt seine Dynamik aus dieser Art Sprache.

Pathetische und dynamische Sprache

An spannungsreichen Stellen verwendet Kleist kurze Wechselrede (Stichomythie), mehr aber noch den auf mehrere Personen aufgeteilten Vers (Antilabe, z. B. 66). Besonders in der mit dem dramatischen Mittel der Teichoskopie (Mauerschau) geschilderten Schlacht (II,2) und in der Szene, als Homburg verhaftet wird (II,10), bedient er sich dieser Mittel, die den Eindruck der Unmittelbarkeit und Natürlichkeit des Sprechens entstehen lassen.

Wechselrede

An wichtigen Stellen verwendet Kleist das Mittel der Tonversetzung (Synkope). Als Homburg verhaftet wird, verliert er völlig die Kontrolle über sich, hat Realitätsprobleme und fragt Hohenzollern entgeistert: »Träum ich? Wach ich? Leb ich? Bin ich bei Sinnen?« (765). Die Zeile hat fünf Hebungen, aber keine fünf Jamben, sondern ein trochäisches und daktylisches Maß: x́x | x́x | x́x | x́xx | x́x.

Synkope

Es wird kritisch festgestellt, dass es Kleist nicht immer gelingt, die Dynamik seiner Sprache in den klassischen Blankvers zu pressen, seine Verse seien nicht nur in der inneren Bewegung, sondern auch in ihrer äußeren Form von großer Unregelmäßigkeit, denn neben fünffüßigen Versen fänden sich solche mit sechs und sogar sieben Hebungen. Seine Hypotaxen zögen sich oft über ein halbes

Umgang mit der Versform

Dutzend Verse hinweg, die Zeilensprünge seien so zahlreich, dass der Vers als rhythmische Einheit überhaupt nicht mehr zur Geltung gelange (vgl. Hafner, S. 22). Manche Ausrufe passen auch nicht ins Metrum, wie z. B. der Satz des Kurfürsten, als Hohenzollern ihm Mitschuld an Homburgs Verhalten gibt: »Tor, der du bist, Blödsinniger! Hättest du / […]« (1714). Der Satz spiegelt in seinem aus den Fugen geratenen Rhythmus den inneren Zustand des Kurfürsten nach Hohenzollerns Argumentation.

Gegen diese Kritik spricht, dass es künstlerisch sicher kein Nachteil ist, wenn die vorgegebene Form nicht voll erfüllt wird, sondern dass gerade in ihrem inhaltlich begründeten Zerbrechen die Qualität dieses sprachlichen Kunstwerks besteht, dessen »Held« sich gegen die starre Form auflehnt, bevor er sie auf neue Weise akzeptiert.

Leitwörter und Motive

Die geschlossene Struktur des Dramas wird durch ein dichtes Netz von Leitwörtern oder Motiven mit z. T. erheblichem Assoziationsgehalt verstärkt. Der Begriff »Traum« legt die Grundstruktur des Dramas fest und verweist auf diese Schicht neben der Realität. Die meisten Leitwörter gehören dem irrationalen Bereich an, so die durchgehend verwendeten Begriffe »Gefühl«, »Empfindung«, »Herz«. »Sonne« und »Gold«. Sie stehen für den erträumten Glanz von Ruhm und Macht. Der mehrmals verwendete Begriff »Staub« weist auf Vernichtung, Nichtigkeit und Zerstörung hin.

Bilder und Symbole

Anfangs- und Schlussszene haben eine starke symbolische Bedeutung. Hintergrund ist das nächtliche Schloss von Fehrbellin, das von Lampen und Fackeln erhellt wird und dessen Rampe in den Garten führt. Es steht für Glanz, Macht, Ruhm und Pracht und wirkt wie ein Märchenschloss. Der Glanz des Schlosses durch die Edelmetalle und den Marmor verleiht ihm eine irreale, überirdische Aura. Im Gespräch mit Hohenzollern erinnert sich Homburg deshalb an ein »Königsschloss« aus »Gold und Silber« und an eine »Marmorramp« (141 ff.), die sich »endlos, bis an das Tor des Himmels« (182) ausdehnt. Wer von diesem Schloss über die Rampe in den Garten geht wie der Kurfürst, verkörpert Glanz und Pracht. Wer nach oben geht, gewinnt Anteil daran.

Schloss und Garten

Der hinabsteigende Kurfürst erscheint dem Träumer vergöttlicht, als Zeus (vgl. 158), der den Kranz des Ruhmes einer Frau gibt. Homburg will Anteil daran, folgt der Gruppe aufwärts über die Rampe bis vor den Eingang, wo sie von der sich schnell öffnenden und schließenden Tür blitzartig verschlungen wird. Er wird wie von höherer Gewalt zurückgestoßen und muss wieder die Rampe hinab in den Garten.

Der Garten ist, wie Kleist in der ersten Regieanweisung (S. 5) anmerkt, »im altfranzösischen Stil« gehalten. Das bedeutet, er ist Ausdruck rationaler Gestaltungskunst. Er gehört zum Schloss als dem Zentrum rationalen Regierens, passt aber nicht zum Prinzen, der mit unmilitärischer Kleidung »halb wachend und halb schlafend« darin sitzt (S. 5). Homburg gehört also – noch – nicht zu diesem rationalen Bereich der Macht.

Symbolik der Schlussszene

Die Schlussszene findet am gleichen Ort statt: Vom Schloss führt die Rampe in den Garten, worin der Prinz auf seinen Tod wartet. Der erweiterte Hofstaat steigt wieder die Rampe hinab zum Prinzen. Im Unterschied zur ersten Szene flicht sich der Prinz den Kranz nicht selbst, sondern er wird ihm angeboten und von einer Frau, Natalie, überreicht, wie er es sich zu Beginn erträumt hat. Macht, Glanz und Ruhm entziehen sich ihm diesmal nicht, sondern umgeben ihn und nehmen ihn in sich auf. Jetzt gehört er seiner neuen Einstellung nach in den Garten »im altfranzösischen Stil«. Statt der Opposition von »Gesetz« und »Gefühl« hat er die Synthese erreicht: das von der Ratio kontrollierte Gefühl.

Bildlichkeit

Bildlichkeit ist eines der auffälligsten Merkmale von Kleists Stil. Sie vermittelt Anschaulichkeit und Gefühlsintensität, wenn auch manche Metaphern und Bilder uns heute vielleicht übersteigert vorkommen. Den Prinzen umfängt die Mondnacht »lieblich […] / Mit blondem Haar, von Wohlgeruch ganz triefend« (120 f.). Natalie entschuldigt in ihrem Gespräch mit dem Kurfürsten das Verhalten des Prinzen während der Schlacht und spricht von einem »Fehltritt, blond mit blauen Augen« (1095). Der Kurfürst stellt erfreut die Wandlung Homburgs fest und sagt zu ihm: »Blüht doch aus jedem Wort […] / Jetzt mir ein Sieg« (1788 f.).

Kleist wählt oft vergleichende Bilder aus der Natur und beschwört Sonne, Feuer, Gewitter, Blitz und Donner. Manchmal übersteigert er diese Bilder und strebt über die Realität hinaus, z. B. wenn er Homburg den »Glanz der tausendfachen Sonne« (1832) beschwören lässt.

Historische Vergleiche

Häufiger noch nimmt er Vergleiche aus den Bereichen der antiken, der orientalischen und der christlichen Kultur und Geschichte. Der Kurfürst hat die »Stirn des Zeus« (158) und überlegt: Wenn er der »Dei von Tunis« (1412) wäre, also ein orientalischer Tyrann, würde er sich angesichts der drohenden Meuterei seiner Offiziere selbst umbringen. Homburg will dem »Cäsar Divus« (713) folgen, wirft dann dem Kurfürsten vor, er wolle den »Brutus« spielen (777) und nennt den »Derwisch« (1285) als Beispiel für Gelassenheit.

Besonders expressiv wirkt es, wenn Homburg, als er über die Einstellung des Kurfürsten unsicher wird, die Bilder und Bereiche vermischt und den Dei von Algier, die Cherubine, den Sardanapel, die römischen Tyrannen und Assoziationen an das Jüngste Gericht miteinander vermengt (vgl. 902 ff.). Auf diese Weise soll der Aufruhr des Gefühls und die Stärke des inneren Erlebens veranschaulicht werden (vgl. Hafner, S. 14).

7. Autor und Zeit

Leben und Werk

Heinrich von Kleist wurde am 18. Oktober 1777 als Sohn eines preußischen Offiziers aus altem pommerschen Adel in Frankfurt (Oder) in politische und soziale Verhältnisse hineingeboren, in denen die Geschichte Preußens zusammen mit der Familiengeschichte eine große Rolle spielte.

Jugend und Militär

Nach dem Tod des Vaters 1788 wurde er in Berlin erzogen. Dort besuchte er das Französische Gymnasium, wo ihm Werke der klassischen Dichter und der zeitgenössischen Philosophen nahegebracht wurden. 1792 trat er in das Potsdamer Garderegiment ein, nahm 1793 – in diesem Jahr starb seine Mutter – am Ersten Koalitionskrieg gegen Frankreich teil und wurde 1797 zum Leutnant befördert.

In dieser Zeit entfernte er sich innerlich immer mehr vom Militärberuf und erhielt auf eigenen Wunsch 1799 von König Friedrich Wilhelm III. den Abschied. In diesem Jahr lernte er die Generalstochter Wilhelmine von Zenge kennen und verlobte sich 1800 mit ihr.

Studien

Ab April 1799 studierte er Rechtswissenschaften in Frankfurt (Oder), gab seine Studien aber schon 1800 unter dem Einfluss von Kants Erkenntniskritik wieder auf. Durch dessen Relativierung der Wahrheit sah er seinen vernunftorientierten Lebensplan radikal in Frage gestellt. Vorübergehend arbeitete er im preußischen Wirtschaftsministerium in Berlin als Volontär.

1801 reiste er mit seiner Stiefschwester Ulrike, mit der ihn eine lebenslange nahe Beziehung verband, über Dresden nach Paris. Dann hatte er vor, durch die Lektüre Rousseaus angeregt, ein einfaches Leben als Landwirt zu führen. Aber seine Braut wollte nicht mit ihm als Bäuerin leben und trennte sich 1802 von ihm.

Im Oktober 1802 reiste Kleist wieder nach Deutschland, machte in Weimar die Bekanntschaft Wielands, Goethes und Schillers und hielt sich dann in Dresden auf, bevor er im Herbst wieder nach Paris fuhr. Dort kam es zu einem körperlichen und seelischen Zusammenbruch, er vernichtete einige Manuskripte und hatte Selbstmordgedanken.

Zusammenbruch

Im Herbst 1803 kehrte er nach Deutschland zurück, trat im Herbst 1804 in Königsberg wieder in den preußischen Staatsdienst ein, verließ ihn aber 1807 wieder. In diesem Jahr wurde er vor Berlin von den Franzosen verhaftet und einige Zeit in Frankreich gefangen gehalten.

Nach seiner Freilassung 1807 hielt sich Kleist bis 1809 in Dresden auf und gab die literarische Zeitschrift *Phöbus* heraus. Er lernte den Staats- und Geschichtsphilosophen Adam Müller kennen, der ihn in seinen Anschauungen von Staat und Gesellschaft stark prägte. Auf ihn geht der Gegensatz vom Geist und dem Buchstaben des Gesetzes zurück, den Kleist in seinem Drama *Prinz Friedrich von Homburg* gestaltet.

Adam Müller

Kleist reiste 1809 zu den österreichischen Schlachtfeldern der Kriege gegen Napoleon und hielt sich einige Zeit in Hoffnung auf einen zunehmenden Widerstand gegen Napoleon in Prag auf. Im Februar 1810 kehrte er nach Berlin zurück, schloss neue Bekanntschaften mit Schrift-

Widerstand gegen Napoleon

stellern wie Achim von Arnim, Clemens Brentano, Joseph von Eichendorff, Wilhelm Grimm und anderen. Zusammen mit Adam Müller gab er die *Berliner Abendblätter* heraus, die wegen verschärfter Zensurbedingen 1811 eingestellt werden mussten.

Als sein Versuch scheiterte, wieder eine Anstellung im preußischen Staatsdienst zu bekommen, und auch sein 1809 begonnenes Schauspiel *Prinz Friedrich von Homburg* nicht aufgeführt werden konnte, schrieb Kleist Erzählungen, um sich den Lebensunterhalt zu sichern.

Freitod

Unter dem Eindruck seines persönlichen Scheiterns als Dichter und Journalist, aber auch belastet durch die politische Niederlage Preußens gegen Napoleon suchte er zusammen mit der unheilbar krebskranken Henriette Vogel am 21. November 1811 den Freitod.

Dramen, Lustspiele und Tragödien: *Die Familie Schroffenstein* (1803), *Amphitryon* (Lustspiel, 1807), *Penthesilea* (Tragödie, 1808), *Die Hermannsschlacht* (1808), *Das Käthchen von Heilbronn* (1810), *Prinz Friedrich von Homburg* (1810, erste Aufführung 1821), *Der zerbrochne Krug* (Lustspiel, 1811), *Robert Guiskard* (Fragment).

Erzählungen: *Michael Kohlhaas*, *Die Marquise von O…*, *Das Erdbeben in Chili*, *Die Verlobung in St. Domingo*, *Das Bettelweib von Locarno*, *Der Findling*, *Die heilige Cäcilie*, *Der Zweikampf*.

Essays: *Über die allmähliche Verfertigung der Gedanken beim Reden* (1805), *Über das Marionettentheater* (1810).

Heinrich von Kleist
Kreidezeichnung

Historisch-politischer Hintergrund

Kleists Patriotismus

Eine Konstante auf Kleists zerrissenem Lebensweg und in den Themen seiner Werke zwischen 1799 und 1808 ist sein starkes Engagement für die Sache Preußens, das auch in seinen politischen Schriften aus dieser Zeit Niederschlag findet. Das Erlebnis des preußischen Zusammenbruchs setzte in Kleist patriotische Kräfte frei. Er hoffte aber nicht nur auf die Befreiung von der Herrschaft Napoleons, sondern auch auf eine innere Erneuerung des preußischen Staates. Im Krieg Österreichs gegen Frankreich (1809) sah Kleist das Signal für eine historische Wende der politischen Situation.

Kleist rekapituliert in seinem Drama zwar eine Epoche brandenburgisch-preußischer Geschichte, doch er meint nicht Brandenburg unter dem Großen Kurfürsten Friedrich Wilhelm von Brandenburg (1620–88), sondern die militärische und politische Auseinandersetzung mit dem napoleonischen Frankreich. Die Schlacht bei Fehrbellin 1675 sollte das Vorbild eines Befreiungskampfes von der Fremdherrschaft darstellen (vgl. Dybwad, S. 8 f.). Kleist will mit seinem Stück das Publikum zu einem Vergleich zwischen dem Großen Kurfürsten und König Friedrich Wilhelm III. (Regierungszeit 1797–1840) herausfordern. Kottwitz' Rede (1570 ff.) und das Schlusswort des Prinzen an die Offiziere (1795 ff.) sind bei dieser Sichtweise eigentlich an den König gerichtet.

Fehrbellin als Metapher

Der Große Kurfürst musste einen Einfall mit Frankreich verbündeter schwedischer Truppen in die Mark Brandenburg abwehren, und die Schlacht von Fehrbellin brachte

Historischer Hintergrund

1675 die Entscheidung. Anführer der Reiterei war der spätere Landgraf Friedrich von Hessen-Homburg, 42 Jahre alt, ein Verwandter des Großen Kurfürsten. Der Prinz konnte den Kampf zwar nicht allein entscheiden, aber den Feind aufhalten, bis der Kurfürst ihm zu Hilfe kommen konnte und die Schweden besiegte. Mit ihrer Vertreibung begann Brandenburgs Aufstieg zur Großmacht Preußen. Friedrich der Große (Regierungszeit 1740–86) hinterließ seinem Neffen Friedrich Wilhelm II. (Regierungszeit 1786–97) einen Staat, der auf Europas politischer Bühne eine bedeutende Rolle spielte. Zwanzig Jahre später war das Erbe verspielt.

Napoleons Herrschaft

Als Kleist sein Drama schrieb, hatte Napoleon halb Europa erobert und stand auf dem Höhepunkt seiner Macht. 1806 siegte er bei Jena und Auerstedt über die Preußen, zog in Berlin ein und schaffte die Quadriga des Brandenburger Tores als Siegestrophäe nach Paris. Friedrich Wilhelm III. floh von Berlin nach Ostpreußen.

Im Frieden von Tilsit (1807) wurde Preußen zur politisch zweitrangigen Macht. Für Kleist war Napoleon der Tyrann schlechthin, gegen dessen Ausplünderung Europas gekämpft werden müsse. Vom König Friedrich Wilhelm III. hielt er nichts, seine Hoffnungen ruhten auf dessen Frau, der Königin Luise (vgl. Kanzog [1977], S. 121).

Niederlage als Chance

Aber die Niederlage wurde von fortschrittlichen Preußen wie dem Freiherrn von Stein, seinem Nachfolger Hardenberg und dem Philosphen Fichte mit seinen *Reden an die deutsche Nation* (1807/08) auch als Chance begriffen, den preußischen Staat und die Armee im Sinne demokratischer Reformen zu reorganisieren. Das Volk wurde nicht mehr als Gruppe von Untertanen, sondern als politische Gemeinschaft freier Menschen verstanden. Die Heeresreformen Scharnhorsts und Gneisenaus sollten die Umwandlung des Fürstenheeres in ein patriotisches Volksheer bewirken.

Strategische Wende

Damit verbunden ist eine Wende der militärischen Strategie, die Kleist in seinem Drama als Konflikt zwischen dem »Kriegsgesetz« und der »Order des Herzens« thematisiert. Namhafte Militärs wie Carl von Clausewitz sahen in der starren Einhaltung der Befehle einen Grund für Preußens vernichtende Niederlage. In einem Brief betont Kleist die Bedeutung der Spontaneität und der patriotischen Gefühle und wertet das Heer seines Königs ab, das zum großen Teil aus Söldnern bestand (vgl. Hinderer, S. 151).

Die französische Armee war dagegen eine Wehrpflichtarmee. Sie verdankte ihre Überlegenheit einem Patriotismus, der sich aus der Französischen Revolution herleitete und die Truppen mit bisher nicht bekannter Begeisterung zu ungewöhnlichen Leistungen befähigte.

Quellen

Zu Kleists Lebzeiten wurde heftig über das Problem der Insubordination diskutiert. Nach der Kriegserklärung Österreichs an Frankreich 1809 wagten auch in Preußen einzelne Freikorps eigenständige militärische Aktionen, die jedoch alle niedergeschlagen wurden. Ein viel beachteter Insubordinationsfall war der des preußischen Prinzen Louis Ferdinand, eines Neffen Friedrichs des Großen. 1806 führte des-

Historische Präzedenzfälle

sen eigenmächtige Entscheidung zu dem Gefecht bei Saalfeld, in dem er getötet wurde, vier Tage vor der Schlacht von Jena und Auerstedt. Der Prinz galt als mutiger Gegenspieler des mutlosen und zaudernden preußischen Königs. Man kann vermuten, dass Kleist bei der Charakterzeichnung des Prinzen von Homburg Louis Ferdinand vor Augen hatte (vgl. Kanzog [1977], S. 152). Dessen Tod beschäftigte die Öffentlichkeit und trug zur Heroisierung des künstlerisch begabten, tapferen Truppenführers bei.

Der zeitgeschichtliche Hintergrund verbindet sich durch das Problem der Insubordination mit dem historischen Hintergrund, der Zeit des Großen Kurfürsten von Brandenburg. Die Quellen wissen allerdings nichts von einem Konflikt zwischen dem Kurfürsten und dem Prinzen von Homburg. Von einem Vorwurf der Insubordination ist nicht die Rede. Der Prinz führte die Reiterei in die Schlacht, ohne einen Befehl des Kurfürsten abzuwarten, aber nicht gegen dessen ausdrücklichen Befehl. Für die Umformung zur folgenreichen Legende sorgten die Memoiren Friedrichs des Großen aus dem Jahre 1751.

Umformungen des historischen Geschehens

Der König schreibt, der Prinz habe lediglich den Auftrag zur Erkundung des Feindes gehabt, ohne sich in Kampfhandlungen einzulassen. Bei der Verfolgung der schwedischen Vorhut habe er durch seine Eigenmächtigkeit den strategischen Plan des Kurfürsten gefährdet. Er wäre verloren gewesen, wenn ihn dieser nicht gerettet hätte.

Nach der Schlacht habe der Kurfürst zu ihm gesagt, wenn er ihn »nach der Strenge der Kriegsgesetze richtete«, hätte er sein Leben verwirkt, weil er »leichtfertig das Schicksal des ganzen Staates aufs Spiel gesetzt hatte« (zit. nach: Schmidt,

S. 157). Aber der Kurfürst habe in Anbetracht des Sieges dem Prinzen großmütig verziehen.

Froben-Legende

Aus der gleichen Quelle stammt die Legende vom Tod des Stallmeisters Froben, der mit seinem Herrn das Pferd tauscht und statt seiner getötet wird. Froben fiel zwar in der Schlacht, aber er opferte sich nicht für seinen Kurfürsten. Die Legende stellt diesen Opfertod in Gegensatz zur Insubordination des Prinzen.

Kleists Quellen sind nicht bekannt. Überliefert ist, dass er im Januar 1809 aus der Dresdener Königlichen Bibliothek die Memoiren Friedrichs des Großen und deren Darstellung im Lesebuch des preußischen Feldpredigers Karl Heinrich Krause entliehen hat (vgl. Schunicht, S. 12).

Entstehungsgeschichte des Stückes

Die Entstehung des Schauspiels ist nur lückenhaft bekannt. 1809 begann Kleist mit den Quellenstudien. Er plante von Anfang an, ein »vaterländisches Schauspiel« (zit. nach: Hambacher, S. 84) zu schreiben. Schon ein Jahr später, am 19. März 1810, schreibt er an seine Schwester Ulrike, das neue Schauspiel solle, »wenn es gedruckt ist, der Königin übergeben werden« (zit. nach: Hamacher, S. 80).

Vergebliche Suche nach einem Verlag

Aber erst am 21. Juni 1811 bietet er sein Drama dem Berliner Verleger Reimann an. Dessen Antwort muss ablehnend gewesen sein, denn eine Verwandte Kleists bat den Prinzen Wilhelm von Preußen vergebens um finanzielle Unterstützung für den Dichter. Ein Jahr später wird dem Verleger Hitzig das Drama angeboten, er lobt es, aber veröffentlicht es nicht.

Kleist hatte die Hoffnung, durch sein patriotisches Stück die Unterstützung des Hofes zu gewinnen. Deshalb widmete er sein Drama der »Prinzessin Amalie Marie Anne«. Nach dem Tod der Königin Luise galt sie als die neue Repräsentantin des Staates (vgl. Kanzog [1977], S. 243). Die Prinzessin brachte Kleist zwar persönliche Sympathien entgegen, aber sie antwortete nicht und versagte die erhoffte Protektion, weil sie familiäre Rücksichten nehmen musste. Nicht nur die Todesfurchtszene, der Somnambulismus und das heikle Thema der Insubordination des Prinzen missfielen, sondern die Veränderung der historischen Wahrheit störte die königliche Familie. Kleist verstieß gegen das strenge preußische Offiziersethos seiner Zeit, weil er den Prinzen mit menschlichen Regungen ausstattete.

8. Rezeption

Rezeption im 19. Jahrhundert

Zu Kleists Lebzeiten konnte das Drama nicht veröffentlicht werden. Erst 1821 wurde es von Ludwig Tieck (1773–1853) im Rahmen der systematischen Publikation von Kleists hinterlassenen Schriften herausgegeben. Maßgeblich für die Aufnahme war Tiecks positive Beurteilung. Es sei Kleists »reifstes Werk« und verherrliche das »Vaterland, die großen Begebenheiten seiner Vorwelt und ihre Charaktere« (zit. nach: Hamacher, S. 118 ff.).

Tiecks Urteil

Im gleichen Jahr wurde das Drama am Wiener Burgtheater erstmals aufgeführt, und zwar unter dem Titel »Die Schlacht von Fehrbellin«, den die Zensur gefordert hatte. Nach vier Wiederholungen wurde es wegen seiner Missachtung des militärischen Ehrenkodex abgesetzt. Es wurde dann in Breslau, Berlin und Dresden und in vielen anderen Städten gespielt. In Berlin fand erst 1828 unter strengen Auflagen der Zensur die Aufführung statt: Der erste Auftritt (I,1) wurde gestrichen, die Vorgänge wurden später nur erzählt und die Todesfurchtszene (III,5) wurde verändert.

Aufführungen

Das Stück hatte Erfolg, wurde aber trotz der Kürzungen nach der dritten Vorstellung von König Friedrich Wilhelm III. verboten und sollte nie wieder aufgeführt werden (vgl. Kanzog [1977], S. 255). Aber schon dreizehn Jahre später wurde das Drama anlässlich der Geburtstagsfeier Friedrich Wilhelms IV. gespielt und damit offiziell anerkannt.

Von entscheidender Bedeutung für die Wirkung des Dramas war das Urteil des Dramatikers Friedrich Hebbel (1813–63) aus dem Jahre 1850. Für ihn gehört Kleists Schauspiel, das er als »Tragödie« verstanden wissen will, »zu den eigentümlichsten Schöpfungen des deutschen Geistes, und zwar deshalb, weil in ihm durch die bloßen Schauer des Todes [...] erreicht worden ist, was in allen übrigen Tragödien [...] nur durch den Tod selbst erreicht wird: die sittliche Läuterung und Verklärung des Helden« (zit. nach: Hamacher, S. 129).

Hebbels Urteil

Im Wilhelminischen Kaiserreich avancierte Kleist zum deutschen Nationaldichter. Sein Drama diente zur Stärkung vaterländischen Bewusstseins und wurde Pflichtlektüre auf den Oberstufen der Gymnasien. Der Kurfürst rückte als vorbildlicher Staatschef in den Mittelpunkt der Betrachtung.

Aufnahme im Kaiserreich

Reichskanzler Otto von Bismarck (1815–98) nannte das Drama ein »schwächliches Stück«, wunderte sich über seine Wirkung und übte harte Kritik an der Figur des Prinzen, den er als »ein schwaches Rohr – mit seiner Todesfurcht« bezeichnete (zit. nach: Hamacher, S. 137). Kaiser Wilhelm II. dagegen zeigte sich bei Hofbällen gern im Kostüm des Großen Kurfürsten und erklärte es zu seinem »Lieblingsstück«. Er empfahl allerdings, die »fatale Feigheitsszene« einfach zu streichen (zit. nach: Kanzog [1977], S. 255).

Die im 19. Jahrhundert weithin vorherrschende Ambivalenz in der Haltung gegenüber Kleists Drama wird in gegensätzlichen Urteilen des bedeutenden Romanschriftstellers Theodor Fontane (1819–98)

Ambivalente Haltung Fontanes

deutlich. 1872 übte er vor allem Kritik am Charakter des Prinzen, der »kein Held und brandenburgischer Kriegsmann« sei. Seine Verzweiflung und Todesfurcht gehören für ihn nicht auf die Bühne. Besonders störte ihn die willkürliche Behandlung des Historischen. Das Stück gäbe »ein ganz falsches Bild von Zeit, Land und Menschen« (zit. nach: Hamacher, S. 132 ff.). Aber 1876 relativierte Fontane seine Kritik und nennt es »das schönste und vollendetste Stück, das uns der [...] an der Zeiten Mißgunst gescheiterte Dichter hinterlassen hat« (zit. nach: Hamacher, S. 137).

Rezeption im 20. Jahrhundert

Zeit des Ersten Weltkriegs

Vor dem Ersten Weltkrieg gelangen noch einige bemerkenswerte Inszenierungen des Dramas wie z. B. die von Max Reinhardt in Berlin (1907), die »das Pathos durch Sachlichkeit überwand« (zit. nach: Kanzog [1977], S. 256). Zu Beginn des Krieges stieg die Zahl der Aufführungen sprunghaft, wobei deutlich nationale und patriotische Akzente gesetzt wurden. Nach dem Ersten Weltkrieg, in der Weimarer Republik, verschwand das Stück einige Jahre aus den Spielplänen der Theater, bis es dann wieder häufiger aufgeführt wurde.

In der Zeit nach dem Krieg nahm die Kritik an Kleists Drama zu, besonders von marxistischen Literaturwissenschaftlern. Man schrieb, Kleist habe in seinem Drama »das Altpreußentum in seiner Mischung von Brutalität und Stupidität in die Sphäre der Kunst« erhoben (zit. nach: Kanzog [1981], S. 221). Der marxistische Literaturwissenschaftler Georg Lucács sieht in Kleists Drama das »alte Preußentum« als »objektive gesellschaftliche Macht« gestaltet und verherrlicht. Gegenstand des Werkes ist für ihn die Erziehung des Prinzen »aus schwärmerischer Gefühlsanarchie zum Preußentum« (zit. nach: Kanzog [1977], S. 223).

Georg Lucacs' Urteil

Bertolt Brecht (1898–1956), Kleist-Preisträger des Jahres 1922, formuliert 1939 seine Kritik in seinem Sonett *Über Kleists Stück »Der Prinz von Homburg«*. Den Prinzen bezeichnet er darin als »Ausbund von Kriegerstolz und Knechtsverstand« und endet: »Tot ist er nicht, doch liegt er auf dem Rücken / Mit allen Feinden Brandenburgs in Staub« (zit. nach: Hamacher, S. 150). Die Assoziation mit einem wehrlosen Käfer gibt den Helden der Lächerlichkeit preis.

Brechts Kritik

Der Kritiker Alfred Kerr (1867–1948) stellt in seiner Rezension einer Aufführung in Berlin 1925 die Widersprüche des Dramas heraus. Es sei »wegen der Todesfurcht seines Helden« beliebt, obwohl »der letzte Sinn des Stückes« im »Überwinden der Todesfurcht liege« (zit. nach: Hamacher, S. 143).

Die nationalistische Aktualisierung des Dramas wird zur Zeit nationalsozialistischer Herrschaft weiter betrieben. Kleist wird zum deutschen Nationaldichter und sogar zum Wegbereiter der NS-Bewegung stilisiert. Die erste Reichs-Theaterwoche 1934 wird mit Kleists Drama eröffnet, das zum Maßstab nationalsozialistischer Kulturpolitik erklärt wird, weil es den »Weg zur ›eigentlichen Deutschheit‹« eröffne (zit. nach: Hamacher, S. 148).

Aufnahme in der NS-Zeit

Aufnahme nach dem Zweiten Weltkrieg

Nach dem Zweiten Weltkrieg wurde Kleists Drama seltener aufgeführt. Die politische Problematik wurde ausgeklammert, der existenzielle Gehalt betont. Der aggressive Schlachtruf der Offiziere: »In Staub mit allen Feinden Brandenburgs« verhinderte Aufführungen auf deutschen Bühnen.

Französische Aufführung

Um so überraschender war, dass Kleists Drama schon 1950 eine Aufführung durch den französischen Schauspieler und Regisseur Jean Vilar in Avignon und danach 1951 in Paris erfuhr, die auch durch Gastspielreisen in Deutschland bekannt wurde. Das Problem des Schlussverses wurde so gelöst, dass er als »karikaturistische Geste« gestaltet wurde, die »anzeigt, wie tief der Held von seiner Umgebung getrennt ist!« (Schunicht, S. 69)

Französische Kritiker urteilten kontrovers. Für die einen ist das Stück »auf eine hemmungslose Art germanisch, mit seinem Durcheinander von pathologischen Träumereien, Wirklichkeit, Feigheit [...] und einem beunruhigenden Willen zur Macht«. Für die anderen gehört die »glanzvolle Aufführung« zu den »großen Theaterereignissen des Jahres. [...] Kleist behandelt hier die menschliche Problematik angesichts des Todes und der Liebe« (zit. nach: Hamacher, S. 151). Durch diese Inszenierung gelang es, traditionelle Vorurteile gegenüber Kleist zu überwinden.

Kleist-Renaissance

In den sechziger Jahren fand eine Kleist-Renaissance statt. Stoffe von ihm wurden in Literatur, Musik und Film adaptiert, wie z. B. in dem preisgekrönten Film von Helma Sanders: *Heinrich* (1977) und in Hans Werner Henzes Oper

Der Prinz von Homburg von 1960 mit dem Libretto der Dichterin Ingeborg Bachmann.

Unter dem Eindruck der Studentenbewegung wurde das Drama als Parabel eines politischen Traums verstanden.

Steins Inszenierung

Vor allem aber hatte 1972 die Inszenierung von Peter Stein in der Schaubühne am Halleschen Ufer eine breite Wirkung. Der Titel *Kleists Traum vom Prinzen Homburg* weist schon auf die Akzentsetzung hin, das Drama als Teil von Kleists Biographie und als Darstellung des Scheiterns seines Lebenstraumes zu sehen. Das Stück endete in dieser Inszenierung mit dem Tod seines Autors.

Die achtziger Jahre brachten eine neue Welle der Kleist-Rezeption, in deren Folge der *Prinz von Homburg* öfter aufgeführt wurde. Das Drama wurde aber auch recht kritisch gesehen. Für den Schauspieler Mathieu Carrière ist Kleists Drama »das klassische und das unterwürfigste Schauspiel Kleists … vielleicht deshalb von Kritikern und Publikum als sein Meisterwerk gefeiert« (vgl. Hamacher, S. 158).

Deutungsschwerpunkte

Psychoanalytische Ansätze

Schon zu Anfang des 20. Jahrhunderts wurden Kleists Dichtungen und besonders der *Prinz von Homburg* mit Lebenskonflikten des Autors in Zusammenhang gebracht. Die erste psychoanalytische Deutung erfolgte 1930 von dem Berliner Nervenarzt Hellmuth Kaiser. Seiner Meinung nach sind im Drama zwei Vergehen miteinander verbunden: ein »offenkundiges, die Insubordination in der Schlacht, und ein geheimes, die Ödipustat«. Diese »Ödipussituation« wird aus dem Verhalten des Prinzen dem Kurfürsten und Natalie gegenüber abgeleitet: »Der Held wünscht seinem Vater den Tod, um sich der geliebten Frau, über die bisher der Vater verfügen konnte, zu bemächtigen.« Die »Kraßheit der inzestuösen Liebe« wird dadurch gemildert, dass es sich nicht um die Gattin des Kurfürsten, sondern um dessen Nichte handelt (zit. nach: Hamacher, S. 159).

Auch für moderne Interpreten wie Volker Nölle (1997) eignet sich Kleists Schauspiel für eine psychoanalytische Betrachtungsweise. Besonders die Figur des Kurfürsten ist in dieser Hinsicht ergiebig: »Diese zeusartige Vatergestalt reicht bis in archaische Tiefen, so daß sich der Überbau mythologischer Art mit dem Unterbau psychoanalytisch relevanter Schichten verbindet« (Nölle, S. 146).

Existenzialistischer Ansatz

Nach dem Zweiten Weltkrieg legte man Wert auf eine eher harmonisierende Deutung des Geschehens. Benno von Wieses existenzialistisch geprägte Interpretation (1966) wurde zum Wegweiser für die Neuorientierung. Er sieht Kleists Drama als »Heilsvorgang im Irdischen«, als Drama der »absoluten Freiheit«, »die auf dem Höhepunkt des Tragischen erfolgte« (v. Wiese, S. 340).

Kurfürst im Mittelpunkt

Immer mehr rückt der Kurfürst in den Mittelpunkt der Betrachtung, so auch für Walter Müller-Seidel (1964). Wie der Prinz, der »kein Werdender« sei, »auch wenn er am Ende ein anderer ist, als er am Anfang war«, so bleibe auch der Kurfürst »immer der, der er war«. Er sei »in diesem Drama die überlegene Figur schlechthin« (Müller-Seidel, S. 407).

Neuere Interpreten wie Walter Müller-Salget (2002) sind jedoch der Meinung, »dass auch der Kurfürst einen Lernprozess durchmacht und dass es wohl kaum nur um Erziehung geht, wenn bereits das Grab für den Hinzurichtenden geöffnet ist« (Müller-Salget, S. 265).

Struktur des Dramas

Allmählich wird die Struktur des Dramas mehr beachtet. Bernd Leistner (1985) sieht ein gegensätzliches Verhältnis zwischen der traditionellen Form und seiner inneren Struktur. Sie habe mit der des ›klassischen‹ Dramas nichts zu tun und stelle »die klassische Dramaturgie radikal in Frage« (zit. nach: Hamacher, S. 174). Helmut Arnzen (1981) stellt fest, es sei »ein Stück aus Widersprüchen« (Arnzen, S. 214). Solche strukturellen Widersprüche weist er im Bezug auf die Handlung, auf den Prinzen und auf den Konflikt mit dem Kurfürsten nach.

Vernichtungskrieg

Wolf Kittler (1988) lenkt den Blick auf das Ziel des Schlachtplans, das nicht ein zu einer günstigen Verhandlungsposition führender Sieg, sondern die totale Vernichtung des Feindes gewesen sei. Daraus erkläre sich auch der Befehl, nicht vom Platz zu weichen. Ein solcher Schlachtplan gehöre nicht in die Zeit des Kurfürsten, sondern in die Zeit der Kriege gegen Napoleon, in der sich das Kriegsziel vom »Entscheidungs- auf den Vernichtungsschlag« verschoben habe (Kittler [1988], S. 65). Homburgs letzter Wunsch sei das Erreichen dieses Ziels. Mit dem »martialischen Gebrüll« am Schluss »werden die Konflikte zugedeckt, die dem Stück eine tragische Wende hätten geben können. [...] die Wut auf das rücksichtslose Vorgehen der eigenen Vorgesetzten« soll jetzt »umgelenkt werden in Richtung auf den Feind« (Kittler [1994], S. 81).

Utopischer Charakter

Immer deutlicher wird in der letzten Zeit der utopische Charakter des Dramas gesehen, so von Walter Hinderer (1997): »Gegen das beklagte zeitgeschichtliche politische Defizit setzte Kleist seinen Traum von einer Wirklichkeit, die er umsonst in Preußen suchte« (Hinderer, S. 182). Auch Wolfgang Thorwart (2004) betont den utopischen Aspekt. Kleist wolle sein »abstraktes Ideal einer versöhnten menschlichen Gesellschaft [...] aus dem alten Preußentum« herausentwickeln, das aber nicht mehr entwicklungsfähig gewesen sei. Sein »Wunschtraum« sei »am falschen Ort« geträumt (Thorwart, S. 274 f.).

Mehrdeutigkeit

Würde man Kleists Drama auf nur eine Lesart beschränken, wäre es um seine volle Dimension gebracht: »Es ist nicht möglich, die Fülle der Interpretationen, die das Werk im Laufe einer 150jährigen Rezeptionsgeschichte erfahren hat, zu einem Meinungsspektrum zu ordnen«, weil »die Aspekte [...] zu vielfältig« sind, ebenso wie »die Maßstäbe, nach denen das Werk gemessen wird« (Kanzog, 1977, S. 91).
Einig ist man sich darin, dass das Drama nicht nur auf die Zeit seiner Entstehung zu beziehen ist, als ein Traum von nationaler Einigung und Befreiung, sondern auch als Traum von einem besseren Staat und von der Möglichkeit, Autorität und Mündigkeit miteinander zu verbinden.

9. Checkliste

1. Welchen Aufschluss erhält der Kurfürst über Homburgs Seelenleben? Wodurch?
2. Wie ist sein Scherz zu Beginn zu bewerten? Welche Folge hat er für Homburgs Verhalten?
3. Welche Bedeutung hat der Handschuh für den Prinzen?
4. Aus welchem Grund greift Homburg in die Schlacht ein?
5. Wie verhält er sich bei seiner Gefangennahme? Warum?
6. Wie verhält er sich in der Todesfurchtszene?
7. Wodurch und wie ändert sich das Verhalten des Prinzen?
8. Worin besteht Homburgs Schuld? Wie sieht er sie?
9. Welche neue Einstellung gewinnt Homburg?
10. Wie verhält sich der Kurfürst nach der Schlacht? Wie begründet er sein Verhalten?
11. Wie verhält sich der Kurfürst im Gespräch mit Natalie? Wie ist seine Reaktion zu erklären?
12. Welches Staatsverständnis hat der Kurfürst, und wie ändert sich dieses Verständnis?
13. Unter welcher Bedingung begnadigt der Kurfürst den Prinzen?
14. Welche Bedeutung und welche Wirkung hat die bedingte Begnadigung des Prinzen? Welche Risiken birgt sie?
15. Wie reagiert der Kurfürst auf Kottwitz' Rede und auf Hohenzollerns Argumente?
16. Welche Rolle spielt der Kurfürst im Drama?
17. Welche Wandlung machen Prinz und Kurfürst durch?
18. Wie ist die Schlussszene zu beurteilen?

19. Welche Rolle spielt Natalie am Anfang und am Schluss? Wie ist diese zu begründen?
20. Wie argumentiert Natalie in ihrem Gespräch mit dem Kurfürsten? Welche Funktion hat sie im Drama?
21. Mit welchen Argumenten verteidigt Kottwitz den Prinzen?
22. Mit welchen Argumenten verteidigt Hohenzollern den Prinzen?
23. Beschreiben Sie den Aufbau des Dramas und vergleichen Sie ihn mit dem Aufbau des klassischen Dramas!
24. Beschreiben und deuten Sie die Entwicklung des Prinzen unter dem Aspekt von Traum und Wirklichkeit!
25. Welche Parallelen kann man zwischen Kleists Aufsatz *Über das Marionettentheater* und Homburgs Entwicklung sehen?
26. Beschreiben und deuten Sie Kleists Sprache und ihre Besonderheiten in seinem Drama!
27. Welche Bilder und Symbole verwendet er mit welcher Intention?
28. Welchen Eindruck gewinnen Sie von Kleists Leben und Schaffen?
29. Inwiefern ist Kleists Drama ein Zeitstück? Welche Zeit ist gemeint?
30. Wie wird das Stück im 19. und im 20. Jahrhundert gesehen?
31. Welche Deutungsschwerpunkte lassen sich im 20. Jahrhundert feststellen?

10. Lektüretipps/Filmempfehlungen

Auch die im Lektüreschlüssel abgekürzte zitierte Literatur ist hier eingefügt.

Einzelausgaben

Heinrich von Kleist: Prinz Friedrich von Homburg. Anmerkungen von Bernd Hamacher. Stuttgart: Reclam, 2001 [u. ö.]. (Universal-Bibliothek. 178.) – *Nach dieser Ausgabe wird zitiert.*

Materialien

Hamacher, Bernd: Erläuterungen und Dokumente: Heinrich von Kleist: *Prinz Friedrich von Homburg*. Stuttgart 1999, 2007. (Reclams Universal-Bibliothek. 8147.)

Kanzog, Klaus: Heinrich von Kleist: *Prinz Friedrich von Homburg*. Text, Kontexte, Kommentar. München/Wien 1977. (Reihe Hanser Literatur-Kommentare. 7.)

Zur Biographie und zum Werk

Allemann, Beda: Heinrich von Kleist. Ein dramaturgisches Modell. Aus dem Nachlaß herausgegeben von Eckart Oehlenschläger. Bielefeld 2005. S. 232–309.

Doering, Sabine: Heinrich von Kleist. Stuttgart 2009. Kompaktwissen für Schülerinnen und Schüler. (Reclams Universal-Bibliothek. 15209.)

Greiner, Bernhard: Kleists Dramen und Erzählungen. Tübingen/Basel 2000.

Kohrs, Ingrid: Das Wesen des Tragischen im Drama Heinrich von Kleists. Marburg 1951.

Kraft, Herbert: Kleist. Leben und Werk. Münster 2007.

Müller-Salget, Klaus: Heinrich von Kleist. Stuttgart 2002. (Reclams Universal-Bibliothek. 17635.)

Nölle, Volker: Heinrich von Kleist. Niederstiegs- und Aufstiegsszenarien. Berlin 1997.

Schmidt, Jochen: Heinrich von Kleist. Die Dramen und Erzählungen in ihrer Epoche. Darmstadt 2003.

Thorwart, Wolfgang: Heinrich von Kleists Kritik der gesellschaftlichen Ordnungsprinzipien. Würzburg 2004.

Zu *Prinz Friedrich von Homburg*

Arntzen, Helmut: *Prinz Friedrich von Homburg*. Drama der Bewußtseinsstufen. In: Walter Hinderer (Hrsg.): Kleists Dramen. Neue Interpretationen. Stuttgart 1981. S. 213–237.

Dybwad, Marie: Ideologiebildung und Todestrieb bei Heinrich von Kleist. Betrachtungen zum *Prinzen von Homburg*. Regensburg 1985.

Fischer-Lichte, Erika: Mißlingende Inkorporation? Zur rituellen Struktur des Prinz Friedrich von Homburg. In: Paul Michael Lützeler / David Pan (Hrsg.): Kleists Erzählungen und Dramen. Neue Studien. Würzburg 1901. S. 151–164.

Gönner, Gerhard: Der Traum vom Ich. Selbstreflexion und Mythos in Kleists Prinz Friedrich von Homburg. In: Helmut Bachmaier / Thomas Rensch (Hrsg.): Poetische Autonomie? Zur Wechselwirkung von Dichtung und Philosophie in der Epoche Goethes und Hölderlins. Stuttgart 1987. S. 287–307.

Hafner, Franz: Heinrich von Kleists *Prinz Friedrich von Homburg*. Zürich 1952.

Heine, Roland: »Ein Traum, was sonst?« Zum Verhältnis von Traum und Wirklichkeit in Kleists *Prinz Friedrich von Homburg*. In: Jürgen Brummack [u. a.] (Hrsg.): Literaturwissenschaft und Geisteswissenschaft. Festschrift für Richard Brinkmann. Tübingen 1981. S. 283–313.

Hinderer, Walter: *Prinz Friedrich von Homburg*. In: Ders. (Hrsg.): Kleists Dramen. Neue Interpretationen. Stuttgart 1997. S. 144–184.

Just, Renate: Recht und Gnade in Heinrich von Kleists Schauspiel *Prinz Friedrich von Homburg*. Göttingen 1993.

Kanzog, Klaus: Geschichtlicher Stoff und geschichtlicher Code. Heinrich von Kleists *Prinz Friedrich von Homburg*. In: Walter Hinck (Hrsg.): Geschichte als Schauspiel. Frankfurt a. M. 1981. S. 147–163.

Kittler, Wolf: Militärisches Kommando und tragisches Geschick. In: Dirk Grathoff (Hrsg.): Heinrich von Kleist. Studien zu Werk und Wirkung. Opladen 1988. S. 56–68.

– Die Revolution der Revolution oder Was gibt es in dem Kriege, den Kleists *Prinz von Homburg* kämpft. In: Gerhard Neumann (Hrsg.): Heinrich von Kleist. Kriegsfall – Rechtsfall – Sündenfall. Freiburg 1994. S. 61–83.

Kommerell, Max: Die Sprache und das Unaussprechliche. Eine Betrachtung über Heinrich von Kleist. In: Jost Schillemeit (Hrsg.): Interpretationen 2. Deutsche Dramen von Gryphius bis Brecht. Frankfurt a. M. 1965. S. 185–222.

Müller-Michaels, Harro: Insubordination als Autonomie: Heinrich von Kleists *Prinz Friedrich von Homburg*. In:

Ders. (Hrsg.): Deutsche Dramen. Bd. 1: Von Lessing bis Grillparzer. Königstein i. Taunus 1981. S. 128–144.

Müller-Seidel, Walter: Prinz Friedrich von Homburg. In: Benno von Wiese (Hrsg.): Das deutsche Drama. Interpretationen. Bd. 1: Vom Barock bis zur Romantik. Düsseldorf 1964. S. 390–409.

Nehring, Wolfgang: Kleists Prinz von Homburg. Die Marionette auf dem Weg zu Gott. In: Walter Müller-Seidel (Hrsg.): Kleists Aktualität. Darmstadt 1981. S. 151–165.

Schmon, Simone: Machtanspruch und Gesetzesherrschaft. Diss. Heidelberg 2006. S. 88–178.

Schunicht, Manfred: Heinrich von Kleist: *Prinz Friedrich von Homburg*. Paderborn/München/Wien/Zürich 1996.

von Wiese, Benno: Die deutsche Tragödie von Lessing bis Hebbel. Hamburg 1967. (Besonders S. 334–344)

Filme

Heinrich (Deutschland 1976/1977). Regie und Drehbuch: Helma Sanders. – *Rückblicke auf Kleists und Henriette Vogels Leben und Suche nach Motiven für den Selbstmord. Auszeichnung mit dem Bundesfilmpreis und dem Filmband in Gold.*

Der Prinz von Homburg (Originaltitel: Il principe di Homburg) (Italien 1997). Regie: Marco Bellocchio.

Raum für Notizen